KB047371

치슐랭 가이드

Chichelin Guide

배달의민족 지음

배달의민족

치믈리에란?

치믈리에 [명사] chimmelier

[1] 치킨감별사.
[2] 국내에 유통되는 모든 치킨의 맛과 향,
식감을 모두 파악하고 있는 치킨 전문가.
[3] 치킨계에서 성취할 수 있는 최고의 경지.

프롤로그

돌이켜보면 치킨은 늘 우리 곁에 있었습니다

2017년 어느 여름날, 잠실의 한 호텔에서 수상쩍은 행사가 열렸습니다. 수백 명의 사람들이 어느 때보다 진지한 얼굴로 치킨을 마주한 채 앉았습니다. 치킨 냄새를 맡고, 닭다리를 뜯으며 심각한 표정으로 문제를 풀었습니다. 네, '제1회 배민 치믈리에 자격시험' 이야기입니다. 2017년 7월 22일, 그렇게 119명의 치믈리에들이 탄생했습니다. 이들을 만나면서 우리는 '치킨에 대한 아주 많은 이야기'가 존재함을 알게 되었습니다. 치킨을 사랑하는 사람들의 경험이 이 책의 시작이 되었죠.

단 한 번의 시험으로 100명 넘는 치믈리에를 배출하는 나라, 한국이 아니라면 치킨에 대한 책을 내기란 불가능했을지 모릅니다. 세계에서 가장 깊고 화려한 치킨 문화를 가진 나라, 세계 모든 맥도날드 매장 수를 합친 것보다 치킨집이 많은 나라, 공원이든 강변이든 언제 어디서나 치킨을 시켜 먹을 수 있는 나라, 이러한 나라에서 치믈리에 자격시험이 만들어지고, 더 나은 치킨 생활을 위한 안내서《치슐랭 가이드》가 나오는 건 당연한 일인지도 모릅니다.

돌이켜보면 치킨은 늘 우리 곁에 있었습니다. 시험이 끝나고 TV 앞에 앉아 한마음으로 국가대표 경기를 응원할 때에도, 친구들을 불러모아 무언가를 축하할 때에도, 호기롭게 '1인 1닭'을 외쳤다가 감당을 못해 누군가에게 전화를 거는 순간에도 치킨은 늘 있었습니다. 치킨은 사람과 사람을 이어주는, 음식 이상의 무엇이었습니다.

치믈리에들도 모이면 치킨 이야기를 했습니다. 자신의 인생 치킨은 무엇인지, 때와 장소에 따라 치킨을 다르게 시키는 노하우는 무엇인지, 치킨과 궁합이 맞는 음식과 음료는 무엇인지, 치킨 브랜드마다 염지와 튀김옷이 어떻게 다른지, 양념의 트렌드가 어떻게 바뀌고 있는지에 대해 시간 가는 줄 모르고 신나게 떠들었습니다. 이들을 보며 한 번 더 느꼈습니다. 치킨이 단순한 음식에만 머무르지 않고 그것을 즐기는 문화현상으로 자리 잡았다는 것을요.

배달의민족은 '좋은 음식을 먹고 싶은 곳에서'라는 비전으로 음식과 사람에 대한 이야기를 많이 나눠보려 합니다. 그래서 우리들의 행복한 순간에 빠지지 않는 '치킨', 하나의 문화로 자리 잡은 '치킨'에 대한 이야기를 치믈리에들과 함께했습니다. 이번에 발간하는《치슐랭 가이드》에서는 치믈리에가 뽑은 베스트 치킨, 치킨을 고르는 치믈리에들의 노하우부터, 알고 먹으면 더 맛있는 치킨의 역사와 정보, 치킨무 페이스 조절법, 남은 치킨 활용법, 치킨과 어울리는 음료와 술까지, 치킨을 고르고, 배우고 즐기는 데 필요한 모든 것들을 담았습니다.

이 책의 목적은 확실합니다.

여러분의 더 나은 치킨 생활을 돕고, 최고의 치킨을 발견하는 것입니다.

책을 엮으며, 여러분의 치킨 생활이 《치슐랭 가이드》 이전과 이후로 나눠질 것이라는 생각을 감히 해봅니다. 설레지 않나요? 치킨 생활의 끝없는 매력을 만나러, 이제 떠나볼까요?

치킨 생활 동반자
배달의민족

차례

애피타이저

'치능력 만렙'의 길은 멀고도 배부르다

태내에서부터 갈고닦은 본능이었을까? 다섯 살 아이가 상을 향해 돌진했다. 뽀얀 살결의 닭백숙이 거기 있었다. 그러나 아뿔싸, 맹목적인 돌격으로 입에 큰 상처가 났고, 급기야 상처 봉합을 위해 병원으로 이송되는 신세가 되었다. 그곳에서도 마취주사를 일곱 번이나 내동댕이친 일화는 지금도 동네 어르신들이 김미정을 볼 때마다 꺼내는 전설이 되었다.

상처가 나도록 열렬히 입 맞췄던 백숙으로부터 치킨덕후의 기질과 치능력을 내림받은 것일까? 성장하면서 주 4회 이상 닭을 뜯으며 치킨 사랑을 실천하던 김미정은 마침내 '치능력 만렙'을 몸소 증명해 보였다. 2017년 7월 22일에 열린 제1회 '배민 치믈리에 자격시험'에서 필기시험 30문제 중 26문제, 실기시험 12문제 중 9문제를 맞혔다. 수석 합격! 《치슐랭 가이드》를 만들며 김미정 치믈리에를 아니 만날 수 없었다.

치믈리에
수석 합격자와의 인터뷰

배달의민족 **치믈리에 자격시험이 끝난 뒤로 어떻게 지내고 있는가?**

김미정 달라진 건 별로 없다. 경제활동을 하면서 취업 준비도 열심히 하고 있다. 다만 최근에 이사를 했는데, 우리 동네가 치킨 배달 불모지라 슬퍼하는 중이다.

배달의민족 **치킨은 여전히 자주 먹는가?**

김미정 배달, 편의점, 패스트푸드점 치킨까지 해서 주 4~5회 먹는다.

배달의민족 **후라이드 치킨을 편애한다고 들었다.**

김미정 바삭바삭 소리까지 맛있는 후라이드 치킨을 처음 맛봤던 순간을 잊지 못한다. 처음 접한 그 맛을 한정된 말로 표현하려니 좀 식상하지만 그야말로 '신세계'였다. 그때는 요즘처럼 치킨을 자주 먹지 못했기 때문에 치킨에 대한 애착이 더욱 커졌던 것 같다. 어린 시절에 치킨은 좋은 일이 있거나 특별한 날에만 먹는 별식이었다. 그래서 나에게 후라이드 치킨은 '기쁨'을 의미하는 상징적 존재로 남아 있다. 물론 양념치킨도 마다하지 않는다. 다만 입에 맞는 양념 찾기가 생각보다 어렵다.

배달의민족 **치킨에 관한 잊지 못할 추억 한 가지만 들려달라.**

김미정 고등학교 시절에 친구들이 치킨을 몰래 주문해 내 사물함에 넣어둔 적이 있다. 생일 선물이라면서 말이다. 나에게 그 선물은 공부하기도 바쁘고 스트레스도 많은 시기에 정말 고마운 이벤트였다. 지금 생각해보면 내가 얼마나 '치킨 치킨' 노래를 부르고 다녔으면 친구들이 그랬을까 싶기도 하다.

배달의민족 **수석으로 합격했다는 전화가 왔을 때 기분이 어땠는가? 응시자 500명 중 1등을 차지한 것인데?**

김미정 처음에는 보이스피싱인 줄 알았다. 시험 날 답안지를 맞춰보고 많이 틀린 것 같아 아쉬움이 컸기 때문이다. 그래서 1등이라는 사실이 더욱더 믿기지 않았다. 지금은 감사할 뿐이다.

배달의민족 **가장 자신 있게 풀었던 문제나 기억에 남는 문제가 있다면?**

김미정 필기시험 중에 닭 그림을 보며 부위를 맞히는 문제가 있었다. 괜히 문제를 꼬아서 생각하다가 아쉽게 틀렸다. 부위별로 잘라놓은 치킨만 먹다가 통닭을 보니 헷갈렸던 것이다. 내게 깨달음을 준 문제였다. 실기시험에서는 블라인드 테스트 중 '가루치킨' 영역이 맞히기 쉬웠다. 가루치킨은 브랜드마다 개성이 있는 메뉴라 눈 가리고 먹어도 어떤 치킨인지 바로 알 수 있었다.

배달의민족 **시험장에서 당황했던 순간도 있을 것 같다.**

김미정 실기시험용 치킨이 순살 버전으로 나와서 많이 당황했다. 평소 순살치킨을 선호하지 않는 데다 치킨이 이미 식은 상태였다. '상당한 변별력이 필요한데, 내가 과연 이걸 맞힐 수 있을까' 고민하며 살짝 좌절했다. 긴장해서 OMR 카드도 한 번 바꿨다.

배달의민족 **시험 준비는 어떻게 했는지 궁금하다.**

김미정 준비를 충분히 하고 시험장에 가고 싶었지만 상황이 여의치 않았다. 시험 보기 전날 급히 배달의민족 블로그에 올라와 있던 유튜브 영상을 찾아본 정도다. 그것도 속성으로 후라이드 치킨 부분만 집중해서 보았는데, '또래오래 후라이드 치킨은 바닐라향이 난다'는 조언이 기억에 남는다. 그나마 나는 비염이 있어서 그리 도움은 안 됐지만. 결론은 시험 준비는 평소에 착실히 해야 한다는 것이다. 예비 치믈리에 분들이 이 점을 기억했으면 좋겠다.

배달의민족 **마지막으로 치믈리에 자격시험에 도전하는 이들에게 조언한다면?**

김미정 필기시험은 메뉴 분석이 관건이 아닐까 싶다. 평소 치킨 메뉴를 신중하게 고르는 사람일수록 유리할 것 같다. 실기시험은 편견 없이 도전정신을 갖고 다양한 치킨을 먹어보는 사람에게 유리하다. 덧붙여 하루에 여러 종류의 치킨을 맛보기보다는, 하루에 한 마리의 치킨을 천천히 오래 음미해보는 것이 치킨의 맛을 기억하는 데 도움이 될 것이다. 치킨과 관련한 뉴스를 검색하며 챙겨보는 것도 팁이다.

김미정 치믈리에가 말하는 '나의 치킨 취향'

#후라이드

치킨은 바삭한 게 제맛이다.
고로 나는 '후라이드파'다.
가장 좋아하는 후라이드 치킨은
bhc의 '해바라기 핫후라이드 치킨',
노랑통닭의 '엄청 큰 후라이드치킨',
파파이스의 '스파이시 치킨'이다.

#넓적다리

가장 좋아하는 부위다.
먹을 것도 많고 부드럽다. 풍부한
육즙을 느끼고 싶다면 넓적다리를
먹어보라고 권하고 싶다. 가슴살과
구분이 어렵다는 점을 염두에
두어야 한다.

#순한맛

매운 치킨은 대체로 잘 못 먹는다.
라면으로 치면 신라면 정도가
혀에서 받아들일 수 있는 한계치다.
치믈리에 자격시험 때도 매운
치킨 한 조각을 맛보고 물 한 병을
다 마셔버렸을 정도였다.

#탄산수

나는 술맛을 모르는 어른이다.
치맥과 치콜 중에서 고르라면
치콜이다. 치킨과 씨그램 같은
탄산수의 조합을 가장 선호한다.

김미정 치믈리에의 '다섯 문장'

1 치킨은 내게 (**영원한 1순위**)이다.
2 치킨 먹을 때 (**남들도 치킨을 먹고 싶게 만들**) 자신이 있다.
3 나는 (**면역력이 떨어지거나 몸이 안 좋을**) 때 치킨이 당긴다.
4 치믈리에로서 (**몰랐던 치킨 맛집의 발견**)은 꼭 해보고 싶다.
5 지금 이 순간 가장 생각나는 치킨은 (**다사랑치킨의 '화살치킨'**) 이다.

당신의 다섯 문장은?

1 치킨은 내게 (   ) 이다.
2 치킨 먹을 때 (   ) 자신이 있다.
3 나는 (   ) 때 치킨이 당긴다.
4 치덕으로서 (   ) 은/는 꼭 해보고 싶다.
5 지금 이 순간 가장 생각나는 치킨은 (   ) 이다.

치킨 덕력 체크리스트

내 안에도 치믈리에의 피가 흐르고 있을까?
질문을 통해 알아보는 나의 치킨 덕력 레벨.

당신의 치킨 덕력은? ____________________ 개

- [ ] 주 1회 이상 치킨을 먹는 건 당연하다.
- [ ] 1인 1닭을 시도해본 적이 있다.
- [ ] 치킨 쿠폰이나 포인트로 공짜 치킨을 먹어본 적이 있다.
- [ ] 한 곳 이상의 단골 치킨집이 있다.
- [ ] '이 치킨 브랜드는 이 지점이 맛있다'는 정보는 기본이다.
- [ ] 좋아하는 치킨 메뉴를 5가지 이상 바로 말할 수 있다.
- [ ] 최고의 다이어트 메뉴는 닭가슴살이다.
- [ ] 새로 출시된 치킨 메뉴나 치킨 트렌드에 대한 정보를 찾아보는 편이다.
- [ ] 치킨 이미지만 보아도 어떤 브랜드의 무슨 치킨인지 구별해낼 수 있다.
- [ ] 치킨 먹방이나 치킨 ASMR을 찾아본 적이 있다.
- [ ] 아무리 피곤해도 치킨을 먹기로 한 약속은 취소하지 않는다.
- [ ] 여러 사람과 함께 먹을 때 치킨 메뉴 선택권은 전적으로 내가 갖고 있다.
- [ ] 치킨 맛집으로 소문난 곳은 반드시 가보고, 그곳의 평가를 곁들인다.
- [ ] 길에서 2만 원을 줍는다면, 오늘 저녁이나 야식은 당연히 치킨이다.
- [ ] 먹고 싶은 치킨을 위해 차를 타고 2시간 이상 달리는 것쯤은 대수롭지 않다.

10개 미만에 해당된다면,

당신은 대한민국 국민의 평균 정도로
치킨을 좋아하는 치킨 새내기.

10개 이상에 해당된다면,

당신은 꽤 오랜 기간 치킨을 즐겨 먹으며
치킨에 빠져 있는 치킨 러버.

20개 이상에 해당된다면,

당신은 주위의 인정은 물론 치킨에 대한 깊은
지식까지 겸비한 치킨 마니아.

30개 모두에 해당된다면,

당신은 치킨 덕력 만렙자. 배민 치믈리에
자격시험을 볼 경우 합격 확률 100%.

- ☐ 치킨을 먹고 나서 이튿날 또 치킨을 못 먹을 이유가 전혀 없다.
- ☐ 치킨이 급하게 당길 때 편의점 치킨으로 긴급 처방한 적이 있다.
- ☐ 소고기, 돼지고기, 닭고기 중 제일은 치킨이라고 생각한다.
- ☐ 치킨을 맛있게 먹는 나만의 꿀팁이 있다.
- ☐ 나의 검색어 1순위는 당연히 '치킨'이다.
- ☐ 스트레스가 극에 달했을 때 가장 생각나는 음식이 치킨이다.
- ☐ 블로그나 카페 닉네임을 치킨과 연관되게 지은 적이 있다.
- ☐ 치킨 광고를 보면 나도 모르게 CM송을 따라 부른다.
- ☐ 엘리베이터에서 치킨 냄새를 맡고 바로 치킨을 주문한 적이 있다.
- ☐ 혹시라도 닭이 멸종위기종이 될까 봐 진지하게 걱정해본 적이 있다.
- ☐ 'ㅊㅋ'이라는 자음을 보면 '추카'보다는 '치킨'이 떠오른다.
- ☐ 한강에서 짜장면 시켜먹는 사람을 이해할 수 없다. 한강에서는 치킨이다.
- ☐ 치맥, 치콜, 치밥, 치면, 치라 등을 모두 시도해봤다.
- ☐ 매달 카드값의 20% 정도는 치킨집에서 쓴다.
- ☐ 치킨을 남긴 적이 없다.

1

치킨을
고르다

치믈리에가 뽑은 베스트 치킨 3

치믈리에들이
지금껏 뜯고, 씹고, 즐긴 치킨 중 인생 치킨을 공개했다.

치믈리에들의 몰표를 받은 1위 치킨은 후라이드 치킨의 절대강자인 BBQ의 '황금올리브치킨'이다. 거부할 수 없는 고소한 향, 한입 베어물면 '바삭' 하는 소리와 함께 입안 가득 흘러나오는 육즙 등 후라이드 치킨이 지녀야 할 모든 조건을 갖추었다는 평이다. 2위는 교촌치킨의 '교촌허니오리지널'이 차지했다. 혀를 치고 들어오는 단맛과 짭조름한 맛의 리듬이 훌륭하며, 소스를 입혔음에도 불구하고 바삭한 튀김옷이 매력이라는 의견이 많았다. 레드디핑 소스를 추가해 먹으면 더욱 꿀맛이라는 치믈리에의 팁도 있었다. 참고로 교촌허니오리지널 외에도 다리와 윙으로 구성된 '교촌허니콤보'와 다리로 구성된 '교촌허니스틱'에 이르기까지 교촌허니 시리즈 모두 치믈리에들의 많은 선택을 받았다.
3위는 가루치킨의 대명사가 된 bhc의 '뿌링클'이다. 치킨의 기본기는 물론 기교도 훌륭하다는 칭찬이 주를 이루었다. 치즈 가루가 메인이지만 채소 가루도 포함돼 있어 너무 느끼하지 않고, 함께 제공되는 요구르트맛 소스와의 궁합이 환상적이라는 의견이 많았다.

1위 BBQ 황금올리브치킨

"후라이드계의 수학의 정석 같은 치킨." 김세열 치믈리에
"특유의 향과 바삭함이 타사의 제품과 비교 불가." 김석규 치믈리에
"크리스피한 튀김옷과 풍부한 육즙이 끝내준다." 황호영 치믈리에

황금빛 파우더의 바삭함과 부드러운 속살로 꾸준히 인기를 끌고 있는 치킨계의 베스트셀러이자 스테디셀러. 세계 5대 건강 식품 중 하나인 올리브유를 사용함으로써 '건강한 치킨'으로 차별화해 남녀노소 모두가 선호하는 1등 치킨으로 자리매김했다. BBQ의 비비 소스 대신 "처갓집양념치킨 소스를 더하면 역대급 치킨이 될 것"이라는 치믈리에의 아이디어도 있으니 다음번에 먹을 때 참조해보자.

BBQ만의
황금빛 파우더가 선사하는
잊을 수 없는 바삭함과
육즙 가득한 부드러운
속살이 환상적인 치킨.

2위 교촌치킨
교촌허니오리지널

“단짠은 항상 진리라는 것을 증명해주는 대표 치킨.” 윤종하 치믈리에
“가장 대중적이면서도 중독성 있는 치킨.” 박다혜 치믈리에
“후라이드 치킨과 양념치킨 사이에서 고민할 때 그 둘을 충족해주는 맛.” 김승미 치믈리에

건강식품인 꿀로
달콤한 맛을 더한 메뉴로,
겉은 바삭바삭하고
속은 촉촉한 맛이 일품인
한 마리 치킨.

3위 bhc
뿌링클

"가루치킨계의 레전드." 정지영 치믈리에
"배가 불러도 계속 먹게 되는 마성의 치킨." 신연수 치믈리에
"단언컨대 21세기 최고의 발명품." 백승혜 치믈리에

갓 튀겨낸 '바삭클'에
블루치즈, 체다치즈,
양파, 마늘이 함유된
시즈닝을 뿌린
짭조름하고 크런치한
식감의 치킨.

"오늘 치킨 먹을까?"

치킨 제대로 시키는 법

어떤 치킨을 먹을까?

치킨을 시킬 때면 즐겨 먹는 친숙한 치킨과 취향을 자극하는 새로운 치킨 사이에서 항상 갈등하게 된다. 누구와 먹는지, 어떤 기분인지에 따라 선택되는 치킨도 달라진다.
고민 해결에 도움을 주고자 치믈리에가 나섰다. 따라 하면 중간은 가는 '치믈리에가 말하는 치킨 제대로 시키는 법'에 주목해보자.

1
누구와 먹을 것인가

'1인 1닭'이 아니라 누군가와 함께 먹을 때에는 내 취향대로만 시키기 어렵다.
사람이 늘어날수록 생각지도 못했던 다양한 조건들도 생기기 마련이다.
경우의 수는 크게 세 가지다. 가족, 친구 또는 연인, 직장 동료.

가족

가족은 내가 어떤 치킨을 시켜도 웬만하면 이해해줄 확률이 높다. 그래도 강한 맛은 호불호가 있기 때문에 전원 찬성이 아닌 한 피하는 것이 좋으며 후라이드 반, 양념 반처럼 무난한 선택이 안전하다. 치믈리에 상당수가 가족과 함께 먹을 때에는 파닭을 추천한다. 파닭의 깔끔한 맛을 부모님들이 좋아하기 때문. 하지만 파를 너무너무 싫어하는 동생이 눈에 밟힌다면? 파를 따로 주문하고 소스를 추가하면 세 가지 맛의 치킨이 된다는 것이 치믈리에의 꿀팁!

친구 또는 연인

많은 친구와 함께할 때에는 서로의 취향을 적극 참고해 다양한 치킨을 시키면 된다. 반면 세 명 이하라면 하나의 치킨 브랜드로 통일해야 하는 만큼 다양한 소스를 추가 주문하는 운용의 묘를 발휘해볼 것. 연인과 함께라면 둘 중 치킨을 더 사랑하는 사람의 취향으로 간다. 아직은 편하게 닭을 뜯기 조심스러운 '썸' 단계라면? 뼈닭보다는 순살을 고르는 센스가 필요하다.

직장 동료

야근이나 회식 때 단골로 등장하는 메뉴가 바로 치킨이다. 상사와 같이 먹는 자리라면 더욱 선택에 신중을 기할 수밖에 없다. 직장인 치믈리에들은 구성원의 의견을 모두 수렴할 수는 없으므로 다수결로 정할 것을 추천한다. 회사 주변의 평판 좋은 치킨집들을 선정해 투표로 정하는 것. 소수 의견을 위해 반반 메뉴를 선택하는 것도 좋은 방법이다.

그나저나 몇 마리 시키지? 'N인 N닭 정하기'

함께 먹을 사람이 네 명을 넘어갈 경우 치킨을 몇 마리나 시켜야 할까? 개개인마다 식성 차이가 있으니 각자 얼마나 먹을지 간단히 조사한 후 주문량을 계산하는 것이 정석이다. 단, 이때 더해진 값에 '반 마리 추가'하는 것이 꿀팁이다. 먹다 만 듯한 느낌을 좋아하는 사람은 없으니 말이다. 치킨은 누군가가 어떻게든 먹게 돼 있으니 남는 치킨 걱정은 접어두고, 충분히 시키자.

2
나이는 숫자, 치킨은 진짜

나이를 묻는 것은 실례이지만 치킨 취향을 묻는 건 실례가 아니다.
그러니 나이에 연연하지 말고 우선은 정중하게 파트너에게 물어볼 일이다.
어떤 치킨으로 하겠냐고 말이다. 다만 나이와 치킨 취향에도 상관관계는 있으니 참고하자.

1019

후라이드 치킨과 양념치킨을 좋아한다. 치즈파우더가 눈처럼 덮인 치킨에 대한 선호도도 높다. 반면 강한 매운맛을 자랑하는 자극적인 치킨은 부모님의 검열이 있기에 자의로든 타의로든 맛볼 수 없는 편이다.

2030

주체적인 치킨 주문이 가능한 시기이자 모든 치킨에 열려 있는 시기다.
새로운 치킨이 나오면 먹어봐야겠다는 도전의식이 있으며, 학업과 직장생활의 스트레스 때문에 매운맛 치킨을 찾기 시작한다.

4050

거울 앞에 선 누이처럼, 과거에 즐기던 자극적인 맛보다는 고소한 후라이드 치킨과 전기구이 등 치킨 본연의 맛에 집중할 때다. 더러 바비큐나 간장치킨을 선호하기도 한다. 어떤 치킨을 먹든 불현듯 건강 생각이 머리를 스치운다.
하지만 자녀 앞에서는 항상 2순위여서 자녀의 취향에 최대한 맞추는 편이다.

6070

이들 또한 담백한 맛을 선호하지만, 때로는 달콤한 맛의 양념치킨을 찾기도 한다.
대체로 맛과 식감이 부드러운 치킨을 좋아한다.

3
거 참, 치킨 먹기 좋은 기분이군

혼자 먹을 치킨 메뉴를 결정하는 절차는 훨씬 간단하다.
진솔한 내면의 대화를 통해 선택하면 된다.
대화의 주제는 하나, 오늘의 '내 기분'이다.

Happy

기분 좋을 때는 뭐든 맛있다. 게다가 1인 1닭이라니, 행복감은 더 커질 것이다. 많은 치믈리에가 혼자 먹을 때는 뭘 시키든 상관없다고 한다. 고민보다 GO! 그래야 1분이라도 일찍 먹고 다음 날 조금이라도 덜 부은 얼굴을 마주할 수 있으니 고민할 시간에 주문하라. 혼자 먹을 때에는 도전정신을 발휘해 낯선 메뉴를 선택하는 사람도 많지만, 치킨 컨디션에 따라 좋았던 기분이 나빠질 수도 있으니 최소한의 신중함은 언제나 필요하다.

Sad

치믈리에는 말한다. "슬프거나 우울할 때는 도전정신을 버려라." 아는 맛 치킨만이 줄 수 있는 위로가 있다. 단, 여기에도 꿀팁은 있다. 슬프거나 우울할 때 배까지 고프면 더 울적해질 수 있으니 집에 도착하기 전에 치킨을 미리 주문하라는 것이다. 치킨과 함께할 술이나 음료도 꼼꼼하게 챙기자. 스트레스를 받아 매운 것이 당겨도 다음 날의 위장 상태를 고려해 매운 치킨 반, 순한 치킨 반으로 구성된 한 마리 메뉴를 추천한다.

4
1닭을 N닭처럼 즐기는 법

BBQ 비비 소스

황금올리브치킨과 찰떡궁합인
머스터드 소스다. 일반적인
머스터드 소스처럼 매콤하기보다는
달콤하고 부드러운 맛이 특징.

bhc 뿌링뿌링 소스

뿌링클과 함께하면
단짠의 정석을 느낄 수 있다.
에멘탈 치즈의 풍미와
요구르트의 새콤함이 일품이다.

투존치킨 어니언갈릭 드레싱

뿌려 먹는 상큼한 드레싱
타입의 소스다. 치킨에 양파를 얹고
어니언갈릭 드레싱을 듬뿍 뿌리면
이보다 더 좋을 수 없다.

교촌치킨 레드디핑 소스

교촌허니콤보를 시킬 때 필수라는
입소문을 탄 레드디핑 소스다.
맵고 짭짤한 맛이 달콤한 치킨과
기가 막히게 어울린다.

치킨 한 마리를 여러 가지 맛으로 즐기고 싶다면?
간단하다. 다양한 소스를 추가하면 된다.
치믈리에들이 엄선한 '치킨 맛 업그레이드' 소스를 소개한다.

KFC 스위트칠리 소스

찍먹하기 좋은 소스.
달콤하면서 살짝 매콤한
칠리 소스로, 쉽게 구할 수
있어서 더 매력적이다.

디디치킨 까르보나라 소스

이름 그대로 까르보나라 맛을
느낄 수 있는 부드러운
텍스처의 소스다. 크리미하고
풍부한 맛을 좋아한다면 추천.

네네치킨 짜용 소스

후라이드 치킨과 잘 어울리는
달콤한 갈릭맛 소스.
찍먹보다는 짜먹이 정답이다.
다양한 치킨 위에 쭉 짜먹기 좋다.

굽네치킨 마블링 소스

고추바사삭에 딸려오는 소스다.
고소한 마요네즈에
스리라차 소스의 매콤함을 더했다.
자매품 고블링 소스도 있다.

2

치킨을 배우다

“알고 먹으면 더 맛있다!”

대한민국 치킨의 결정적 순간 7

1
치킨이 없었을 때 우리 민족은 뭘 먹고 살았을까?

치킨이 없는 세상을 지금은 상상할 수도 없지만, 후라이드 치킨은 우리가 태어나기 전에는 존재하지 않았던 음식이다. 그러나 후라이드 치킨이 있기 이전에도 우리는 치킨과 비슷한 음식을 즐겨왔다. 바로 전기구이 통닭이다. 1961년 명동에 '영양센타'가 생겼고, 전기 오븐 안에서 돌돌 돌아가며 익어가는 전기구이 통닭은 후라이드 치킨이 등장한 1970년대까지 전성기를 구가했다. 오븐에 오래 익혀 껍질이 바삭한 그 맛을 잊지 못하는 어르신들은 지금도 후라이드 치킨의 인기가 무색하게 전기구이 통닭을 찾는다. 물론 우리도 그 맛을 너무 잘 알고 있다.

2
최초의 치킨 프랜차이즈는 신세계 백화점에서 시작되었다

한국의 치킨 프랜차이즈 역사는 이제 반백년을 향해 달려가고 있다. 1975년 본사를 설립하고, 1977년 신세계 백화점 지하에 매장을 낸 림스치킨이 치킨 프랜차이즈의 공식적인 시조다. 백화점 지하의 식품 매장이 외식 트렌드의 최전선인 건 예나 지금이나 다를 바 없다. 마늘과 생강, 인삼가루 등이 들어간 독특한 파우더로 맛을 낸 '림스 스타일' 치킨은 단숨에 전기구이 통닭의 인기를 대체했다. 이후 매출에 탄력을 받은 림스치킨은 1982년 남양주에 생산공장을 차리고 본격적으로 가맹점을 모집해 최초의 프랜차이즈가 되었다. 참고로 1988년에 림스치킨 한 마리의 가격은 4800원이었다.

3

후라이드 치킨이라고 다 같은 후라이드가 아니다

물결무늬 치킨 – 흔히 '크리스피치킨(Crispy Chicken)'이라고도 한다. 치킨에서 육질이 퍽퍽한 부위를 가장 마지막에 먹는 사람이나 무조건 날개나 다리부터 집는 사람, 궁극적으로 목 부위를 가장 좋아하는 사람이라면 대부분 이 스타일의 치킨을 좋아한다. 살은 피하고 껍질만 좋아하는 사람은 반드시 이 스타일의 치킨에 꽂히게 돼 있다. 닭에 튀김가루를 묻히고 특수한 튀김 반죽을 입힌 뒤 다시 튀김가루를 묻혀 튀김옷이 무럭무럭 자라나게 만든 치킨이다. 바삭바삭한 튀김옷이 두툼하게 붙어 있는 표면이 마치 물결치는 것 같다.

민무늬 치킨 – 시장의 닭집들도 시대 흐름에 발맞춰 치킨의 대열에 합류하기 시작했다. 주로 튀김 반죽만 얇게 입혀서 기름에 튀겨 팔았는데, 이것이 지금은 사어(死語)가 되다시피 한 '통닭'이다. 다른 후라이드 치킨이 튀김옷에 필살기를 써가면서 매달리는 것에 비하면 이 스타일의 치킨은 단순한 '닭튀김'이라 할 수 있다. 닭에서 나오는 수분을 막아줄 튀김옷을 두텁게 입히지 않아 조금만 식어도 금세 눅눅해지는 것이 특징이다. 그래서 붕어빵처럼 종이봉투에 넣어주는 곳도 있다. 치킨의 도시 중 하나인 수원에서도 '치킨의 성지'로 일컬어지는 '진미통닭'이 대표적이다.

엠보 치킨 – 최초의 치킨은 엠보 치킨이었다. 한반도에 치킨의 꽃이 피어나던 1970년대에 수입된 압력튀김기에 바삭하게 튀겨낸 것으로, 반죽을 입히지 않고 튀김가루만 묻히는 것이 첫 번째 특징이다. 두 번째로 중요한 특징이 염지인데, 염지액에 닭을 담가 육질을 부드럽게 숙성시킬 뿐 아니라 각종 향신료까지 더해 군침 도는 향을 입혔다. 원래는 KFC의 초창기 스타일이었는데, 지금도 오리지널이라는 이름으로 선보이고 있다. 림스치킨과 보드람치킨, 치킨뱅이, 둘둘치킨 등이 엠보 치킨의 대표주자다. 림스치킨에서 처음 시도한 것이어서 '림스 스타일'이라 부르기도 한다.

4

최초의 양념치킨에 대한 두 가지 '썰'

페리카나 치킨이 찾아왔어요~ 정말 맛있는 치킨이 찾아왔어요~
나는 후라이드 치킨 나는 양념치킨~ "이야 고거 정말 맛있겠네"
페리페리 페리카나~ "치킨 치킨"
페리카나 치킨이 찾아왔어요~ 매콤달콤 맛있는 페리 페리카나~

이 노래를 끝까지 따라 부를 수 있다면 당신은 최소 30대일 것이다. 페리카나가 1989년 방영한 이 TV 광고는 공전의 히트를 기록했다. 〈요술공주 샐리〉라는 만화 주제가를 개사한 이 CM송은 개그맨 최양락과 임미숙이 샛노란 옷을 입고 불러 전국의 초등학생들에게 애국가에 버금가는 위력을 발휘했다. 그 영향으로 지금까지 페리카나의 양념치킨은 자연스럽게 원조 이미지를 점유하며 최초의 양념치킨으로 기억되고 있다. 페리카나에 따르면 1981년 대전역 앞에 1호점을 내고 가맹사업을 시작해 이듬해 대전에 상사를 차렸다고 한다.

그런데 한편으로 멕시카나치킨이 양념치킨의 원조라는 주장도 강력하다. 2014년 7월 16일자 〈대구일보〉의 보도에 따르면 페리카나가 멕시카나치킨에서 양념 비법을 배운 것이라고 한다. 멕시카나치킨은 1978년 대구 동구 효목동에 있던 2평짜리 가게에서 빨간 양념소스와 염지법을 개발해 명성을 얻었고, 당시 직원이었던 양희권(현 페리카나 회장)이 비법을 전수받아 독립해 페리카나를 차렸다는 주장이다.

5
대한민국
치킨 역사의 특이점, KFC

KFC는 미국 켄터키 주의 풍부한 농산물과 선진적인 축산업을 바탕으로 18세기에 밀려온 독일 이민자들의 독특한 음식과 아프리카 노예들의 식문화, 향신료를 많이 쓰는 멕시코 음식이 한데 어우러져 탄생했다. KFC 의 창립자인 커넬 샌더스(Colonel Sanders)가 이 같은 미국 남부 스타일을 바탕으로 11가지 비법양념을 만들어냈던 것이다. 그가 만든 레시피는 지금까지도 극비로 취급되고 있다. 켄터키 주의 코빈에서 시작된 KFC는 유타 주의 솔트레이크시티에 프랜차이즈 영업점을 낸 뒤 세계적인 패스트푸드 프랜차이즈로 성장했고, 1984년에 드디어 한국에 상륙하게 되었다. 한국의 치킨 역사에 커다란 전환점이 된 KFC는 기름진 맛과 이국적인 향신료, 코울슬로와 콘샐러드, 고소하고 기름진 비스킷을 함께 선보이며 사람들의 입맛을 완전히 사로잡았다.

한국이 치킨을 받아들인 방식은 이처럼 미국의 영향이 크다. 후라이드 치킨은 원래 미국 남부의 흑인들이 즐기던 음식이었다. 그래서 한국에서도 미군부대 앞에 후라이드 치킨집이 많았다. 본토의 후라이드 치킨인 KFC의 등장으로 치킨 업계에도 그야말로 새로운 바람이 불었고, 조각 치킨이 정착되기 시작했다. 물론 그 전부터 림스치킨이나 1979년 한국에 진출한 롯데리아에서 조각 치킨을 만들어 팔고 있었지만, 모두가 '통닭'을 선호하던 때여서 조각 치킨은 그리 인기가 없었다.

사람들이 가장 선호하는 튀김옷을 두툼하게 입힌 핫크리스피치킨도 KFC의 독보적인 스타일이었다. 1984년 당시 사람들이 가장 붐비는 거리였던 종로에 첫 매장을 낼 때에는 KFC라는 약자 대신 '켄터키 후라이드치킨'이라는 풀 네임을 사용했기 때문에 상호명을 줄여 흔히 '켄치'라고 불렀다. 파파이스도 같은 미국 남부 출신의 패스트푸드 프랜차이즈인데, KFC와의 차이는 루이지애나 주의 케이준 스타일을 앞세운다는 점이다.

6

대구

우리가 아는 치킨 프랜차이즈 중에는 대구에서 시작된 곳이 압도적으로 많다. 멕시칸치킨, 멕시카나치킨, 처갓집양념치킨, 스모프치킨, 교촌치킨, 호식이두마리치킨, 땅땅치킨, 종국이두마리치킨, 치킨파티, 별별치킨, 대구통닭 등이 모두 대구를 연고지로 둔다. 닭고기산업의 거점이었던 대구는 1970년대부터 이미 치킨의 도시였다.

7
양념치킨의 별종, 닭강정

1972년 7월 11일자 〈동아일보〉에서는 닭강정 만드는 법을 다음과 같이 소개했다.

① 닭은 큰 밤톨 크기로 뼈째 토막내어 준비한다.
② 진간장과 참기름, 생강 등으로 만든 양념장에 ①을 30분 정도 재어둔다.
③ ②의 물기를 제거하고 기름에 튀긴다.
④ 진간장과 설탕, 참기름, 붉은 고추, 생강을 한데 넣고 끓여둔다.
⑤ 튀겨낸 닭을 ④에 넣고 재빨리 볶으며 간을 입히고 통깨를 뿌려 낸다.

이 조리법을 쓴 단국대학교 정순자 교수는 '뜨거울 때 먹어도 좋고, 완전히 식어도 좋다. 거무스름하면서 윤기가 나서 보기에 좋으며, 달콤하고 칼칼해 반찬으로 훌륭하다'고 덧붙였다. 여기까지는 재료에 설탕이 쓰였다. 그러다 1993년 〈경향신문〉에서는 '닭튀김(후라이드 치킨)이 남았을 경우에는 닭강정이 제격'이라며 '얇게 저민 마늘과 마른고추를 볶다가 간장, 물엿, 물을 조금 넣고 끓인 후 닭튀김을 넣고 버무린 뒤 녹말물을 넣어 윤기 나게 졸이면 된다'는 조리법을 소개했다. 이 기사에는 물엿이 등장한다. 그사이 물엿을 넣은 닭강정이 존재를 드러낸 것이다. 양념치킨에도 물엿이 쓰이지만 닭강정처럼 많은 양이 들어가지는 않는다. 닭강정의 조리법이 신문에 소개될 정도면 이미 외식 메뉴로 크게 사랑받고 있다는 뜻이 된다.

조리법에서 양념치킨이나 깐풍기와 약간 다른 닭강정은 한반도의 동쪽과 서쪽, 닭강정의 성지로 꼽히는 두 도시의 시장 골목에서 유래되었다. 동쪽의 속초에서는 만석닭강정과 속초시장닭집, 중앙닭강정이 사람들을 끌어모았고, 이 여파가 강릉의 중앙시장까지 미쳐 또 다른 닭강정 골목을 형성했다. 서쪽에 자리한 인천의 신포국제시장에서는 신포닭강정, 찬누리닭강정 등이 유명한데, 닭을 큼지막하게 조각 내 거의 양념통닭처럼 나온다. 닭강정을 즐기는 이들 사이에서는 속초와 인천 외에 영월을 포함한 '3대 닭강정'이 거론되기도 한다. 영월에서는 영월서부시장의 일미닭강정과 이가닭강정이 전국구 명성을 얻고 있다.

숫자로 보는 치킨 팩트 체크

35.1%

전국에 거주하는 만 20세부터 69세까지 총 800명을 대상으로 조사한 결과 35.1%가 닭을 먹을 때 배달시켜서 먹는다고 응답했다.

0.33회

한국인들은 3개월간 닭볶음탕은 0.16번, 삼계탕은 0.18번, 찜닭은 0.04번 먹으며, 치킨이나 닭강정은 0.33번 먹는다.

2회

농촌진흥청 국립축산과학원이 2017년 가금육 소비실태를 조사한 내용에 따르면 한국 사람들은 3개월간 치킨을 2회 배달시켜 먹는다고 한다.

65.4%

한국인의 65.4%는 주 1회 이상 집에서 닭고기를 먹는다.

14.58kg

2017년 한국인은 1인당 14.58kg의 닭을 먹었다. 10호 닭이 951~1050g이므로 15마리쯤 먹은 셈이 된다.

13만 1485원

2016년 1가구당 13만 1485원어치 닭을 사먹었다. 2010년에 비해 18.1% 상승한 수치다.

6.4%

2017년 조사에 따르면, 조류인플루엔자가 발병한 기간에 닭고기 소비감소율은 6.4%에 불과했다.

30일

닭은 보통 30일간 키운다. 국내에서 가장 수요가 많은 생체량 1.5kg의 닭으로 자라는 시점이다. 10일 더 키워서 40일이 되면 2.8kg가 된다.

91.6%

2015년 조사 결과에 따르면 국내 닭고기의 91.6%는 하림 등 육계계열업체를 통해 생산된다고 한다.

24%

국내 닭고기 시장에서 수입 닭고기가 차지하는 비율은 24%인데, 그중 절대량이 부분육이다.

1973년

1973년은 해표식용유가 처음으로 생산된 해다. 치킨의 맛을 풍부하게 하는 데 없어서는 안 될 기름이 대량생산되기 시작한 것이다. 지금은 퇴출되었지만 쇼트닝도 한때 튀김 기름으로 쓰였다.

1800kcal

후라이드 치킨 한 마리의 열량은 1700~1800kcal다. 양념치킨은 여기에 1000kcal 정도 추가된다. 따라서 1인 1닭으로 하루 필요한 열량을 섭취할 수 있다.

2002년

대한민국과 일본에서 동시에 열린 '2002 FIFA 월드컵'은 치맥의 모든 것을 바꿔놓았다. '축구 국가대표 경기=치맥'이라는 공식이 생겨났고, '월드컵 특수'라는 말이 치킨 업계에 등장했다. 한국 축구의 힘이 약해진 요즈음에도 월드컵 때가 되면 관련 주가가 급등하고 치킨 프랜차이즈 가맹 문의가 늘어나고 있다.

4500명

"눈 오는 날에는 치맥이 짱인데." 2013년 겨울에 방영되었던 SBS 드라마 〈별에서 온 그대〉에서 여주인공 전지현이 했던 말이다. 이 드라마는 곧 중국으로 건너가 한류 열풍을 일으켰고, 더불어 치킨 한류 열풍까지 만들어냈다. 기존에 중국인들은 '치콜'을 즐겼지만 이 드라마가 방영된 이후 한국 맥주까지 수입해 마시기 시작했다. 〈별에서 온 그대〉가 불러일으킨 치킨 한류는 2016년 중국인 단체 관광객 4500명이 인천 월미도에서 동시에 치맥을 즐긴 대륙 스케일의 '치맥 파티'로 정점을 찍었다.

100만 명

2013년 제1회 '대구 치맥 페스티벌'이 대구 두류공원에서 열렸다. 치킨의 도시인 대구에서 치맥 페스티벌이 열리는 것은 너무나 적절하고 당연하다. 대구 치맥 페스티벌은 1회부터 검색어 1위를 차지하며 사람들로부터 많은 관심을 받았다. 이후 2015년에는 무려 88만 명이 대구 치맥 페스티벌을 찾았고, 2016년에는 100만 명이 참가했다.

글 | 이해림(푸드 칼럼니스트)　　참고자료 | 《대한민국 치킨전》(정은정, 따비, 2014), 농촌진흥청

"치믈리에가 사랑합니다!"

대한민국 치킨집 50선

검증은 끝났다, 이제 소문낼 차례!

대한민국에는 셀 수 없이 많은 치킨집이 있다. 그 많고 많은 치킨집 중 제1회 배민 치믈리에 자격시험에 통과한 치믈리에들이 선정한 치킨집 50곳과 각각의 베스트 메뉴를 소개한다.

- 치킨 브랜드들은 숫자, 영문, 가나다 순으로 배열했으며, 순수하게 치믈리에의 선택으로만 선정되었음을 알린다.

1

60계치킨

치믈리에의 선택 - 청양고추를 갈아 특제 양념과 버무려 맛있게 매운 '고추치킨'
깨끗한 기름으로 튀겼다는 점을 믿고 먹는다.
매콤한 고추치킨과 마요 소스는 환상의 짝꿍!

'매일 새 기름으로 60마리만!' 60계치킨은 매일 새 기름으로 60마리만 조리한다. 기름 한 통당 60마리까지 튀기는 게 가장 신선하고 맛있어 그날 사용한 기름은 그날 전량 폐기가 원칙이다. 깨끗한 기름으로 조리한다는 입소문이 퍼지면서 단골이 무섭게 늘었다. 고추치킨, 간지치킨 등이 대표 메뉴다.

2

BBQ

치믈리에의 선택 - 황금빛 파우더와 올리브유로 튀긴 치킨의 정석 '황금올리브치킨'
큼직한 커팅과 크리스피한 튀김옷이 상징적인
후라이드계의 걸작!

'Best of the Best Quality'의 약자인 BBQ는 최고의 원재료만을 사용해 고객의 건강까지 생각한다. 100% 엑스트라 버진 올리브유를 후라이 오일로 사용하는 등 여타의 치킨 브랜드와 차별성을 둬 1995년 창립 이후 대한민국 대표 치킨 브랜드로 자리매김했다.

3

bhc

치믈리에의 선택 - 매직 시즈닝을 뿌려 짭조름하고 크런치한 '뿌링클'
단언컨대 21세기 최고의 발명품이다.
잘 다져진 치킨의 기본기 위에 새롭게 더한 기교가 놀랍다.

2004년 치킨 브랜드로 새롭게 태어나 대한민국 치킨사에 한 획을 긋고 있다. 해바라기유로 튀긴 깨끗한 치킨에 다양한 변주를 준 치킨들이 주 메뉴다. '맛초킹', '맵스터', '치레카' 등 귀에 쏙쏙 들어오는 재미있는 제품 네이밍을 선보이고 있다.

4

KFC

치믈리에의 선택 - 튀김옷 그 자체로 핫하다. 바삭매콤한 '핫크리스피치킨'
스테디 메뉴는 영원하다. 언제 먹어도 맛있는 치킨의 원조.
조각으로 판다는 것 자체만으로도 사랑스럽다.

치킨의 오리지널 KFC! 커넬 샌더스가 만든 비밀 레시피로 세계인들에게 사랑받는 글로벌 치킨 브랜드다. 치킨뿐 아니라 다양한 버거 메뉴를 선보이고 있으며, 최근 70년의 노하우를 담아 100% 국내산 닭다리 통살로 만든 '블랙라벨치킨'을 출시했다.

5

계동치킨

치믈리에의 선택 - 마늘 소스를 바른 부드럽고 깔끔한 맛의 '마늘간장치킨'
간장을 베이스로 한 다른 치킨에 비해
짜지 않고, 닭 크기도 크다. 바삭함도 합격!

25년 전통의 맛과 서비스를 자랑하는 브랜드. 가장 한국적 식재료인 마늘과 간장으로 깊은 맛을 선보이며 사랑받고 있다. 맛의 정통성을 지키면서 새로운 맛 개발에도 노력을 기울이고 있다. 마늘간장치킨 외에도 크런치 후라이드치킨, 허브 양념 치킨, 똥집튀김 등 다양한 메뉴를 갖췄다.

6

계열사

치믈리에의 선택 - 소스 없이 그대로 먹어도 맛있는 '후라이드'
'기본에 충실한 맛.'
이 하나로 멀리 발걸음할 이유가 충분하지 않은가.

추억 속 치킨맛을 느낄 수 있는 부암동 산자락에 위치한 치킨집. 원래 입소문이 난 곳이지만 JTBC 〈수요미식회〉에 소개된 후로 더욱 유명세를 탔다. 메뉴는 오직 후라이드 한 가지만 뚝심 있게 내는데, 대기명단에 이름을 올려야 맛볼 수 있을 정도로 인기가 높다. 곁들여진 큼직한 웨지 감자도 별미다.

7

교촌치킨

치믈리에의 선택 - 꿀을 넣어 '단짠'의 훌륭한 조화를 완성한 '허니오리지널'
후라이드 치킨과 양념치킨의 장점을 다 갖춘 교촌치킨의 치킨 라인업!
솔직히 다 맛있다. 인정!

1991년 구미시 송정동에 '교촌통닭'이라는 10평 가게로 시작해 우리나라 대표 치킨 브랜드로 성장했다. 날개, 다리 등 부분육만으로 구성된 메뉴를 최초 도입했으며, 국내산 신선닭과 발효간장, 국내산 벌꿀, 국내산 청양 홍고추 등 엄선한 재료를 사용한다. 교촌 오리지널, 레드, 허니 시리즈가 대표 메뉴다.

8

굽네치킨

치믈리에의 선택 - 화산처럼 터지는 매콤한 오븐구이 치킨 '볼케이노'
치밥을 즐긴다면 빼놓을 수 없다.
먹으면 먹을수록 묘한 중독성이 있는 매운맛 치킨.

2005년 혜성처럼 나타난 오븐구이 치킨 프랜차이즈다. '오븐에 구운 건강한 치킨'이라는 차별화된 브랜드 컨셉을 내세운다. 최근 '고추바사삭', '핫 갈비천왕' 등 재치 넘치는 신메뉴로 전 연령층의 사랑을 받고 있다.

9

깐부치킨

치믈리에의 선택 - 최상급 안심으로 튀겨낸 '순살크리스피'
맥주와 함께 한 조각씩 집어먹기 좋고
다양한 양념에 찍어 먹는 재미는 덤이다.

매장형 치킨집이라는 독보적인 컨셉! 세련된 분위기의 인테리어로 배달 대신 매장 내 식사와 테이크아웃 문화를 강화해 치킨집을 유니크한 외식 문화공간으로 내세운 것이 특징이다. '마늘전기구이', '크리스피치킨', '순살크리스피', '유린치킨' 등이 대표 메뉴다.

10

네네치킨

치믈리에의 선택 - 베스트 메뉴로 구성된 '핫블링반+크리미언반+스노윙치즈반'
노릇노릇하게 튀겨낸 치킨에
다양한 변화를 더한 메뉴가 마음에 쏙 든다.

1999년 첫발을 뗀 이래 원료 관리부터 계육 가공 공정까지 안전하게 관리하며 HACCP을 획득한 치킨 브랜드다. '스노윙 치즈치킨', '핫블링 치킨' 등 신메뉴를 꾸준하게 개발하며 다양한 연령층에서 호응을 얻고 있다.

11

노랑통닭

치믈리에의 선택 - 주문받는 즉시 순식물성 기름으로만 튀기는 '엄청 큰 후라이드치킨'
양도 많고 고소한 카레향이 매력적이다.
치킨을 담아주는 노랑 봉투가 추억을 부른다.

노랑통닭 맛의 기본은 추억이다. 어릴 적 누구나 한 번쯤 경험했던, 아버지가 사오던 노랑 봉투의 통닭을 재현하는 것이 모토다. 무쇠 가마솥에 튀겨내 비교할 수 없는 바삭함을 자랑하며, 화학염지제를 사용하지 않은 12호 국내산 생닭을 사용해 온가족이 함께 즐기기 좋다.

12

다사랑치킨

치믈리에의 선택 - 깊은 맛과 고소함이 입안에서 살살 퍼지는 '후라이드치킨'
서울에 더 많은 지점이 생기길 원한다.
다사랑치킨만의 풍미는 전국구로 등극해야 한다.

1993년 전북 익산에서 시작한 브랜드로, 서울에도 매장을 차츰 늘려가고 있다. 마늘, 양파, 생강 등을 넣어 만든 천연양념으로 속살을 숙성시켜 퍽퍽한 살도 부드럽게 즐길 수 있도록 한 것이 맛의 비법. 특유의 향이 살아 있는 후라이드치킨 외 고추기름으로 볶아 얼큰한 맛이 특징인 '화살치킨'도 인기다.

13

대왕통닭

치믈리에의 선택 - 질리지 않고 깔끔해 1인 1닭도 가능한 '옛날통닭'
겉은 바삭, 속은 촉촉하고 육즙도 풍부하다.
술안주로 이만한 것이 없다.

1980년대풍 포차 컨셉으로 운영하는 곳으로, 전 메뉴 포장 가능하다.
튀김옷을 얇게 입혀 바삭하게 튀겨낸 '옛날통닭'을 필두로 '국물떡볶이', '노가리' 등 아날로그 감성의 메뉴를 선보인다.

14

둘둘치킨

치믈리에의 선택 - 얇은 튀김옷과 촉촉한 육즙이 환상적인 '후라이드치킨'
씹을수록 고소하고 짭짤한 맛이 입맛 당기게 한다.
명동 근처 본점에서 먹는 것이 제맛.

1997년 대학로에 둘둘치킨 1호점을 열며 30여 년간 맛있는 치킨을 선보여왔다. 비결은 신선한 국내산 닭을 특제 양념에 12시간가량 숙성시킨 뒤 비법 파우더를 입혀 튀겨내는 것. 태국, 홍콩, 미국 등지에도 지점을 오픈했다.

15

디디치킨

치믈리에의 선택 - 후라이드 치킨과 양념치킨, 간장치킨으로 구성된 '패밀리홈세트 오리지널'
친구 여럿이 모였는데 각자 원하는 맛이 다를 때 강력 추천!
한입에 쏙쏙 넣기 좋은 크기도 장점이다.

'맛있다'는 의미인 Delicious와 '즐겁고 행복하다'는 뜻의 Delight의 의미를 함축적으로 담았다. 국내 최대 닭고기 전문기업인 하림그룹이 직접 운영해 신뢰할 수 있다는 점이 디디치킨이 사랑받는 큰 이유이기도 하다. 두 마리 치킨을 세 가지 맛으로 즐길 수 있어 가성비 끝판왕이라 불리는 홈세트 메뉴가 인기다.

16

땅땅치킨

치믈리에의 선택 - 정말 바삭한 닭봉과 새콤한 쌈무를 함께 즐기는 '후왕'
양은 적지만 바삭하고 쫄깃한 '후왕'은
언제나 믿고 먹는 메뉴다.

2004년 대구 비산에서 시작한 땅땅치킨은 현재 서울을 비롯해 전국 300여 개의 가맹점을 운영하며 '대한민국 100대 프랜차이즈'에 선정되었다. 최근에는 다진 고추와 순 닭다릿살의 매콤한 조합이 끝내주는 '매콤찹스'를 론칭했다.

17

또래오래

치믈리에의 선택 - 스모크 향이 가득한 '볼빨간맵닭'
김말이와 떡튀김이 맵닭과 찰떡궁합을 이루고
분식 먹는 느낌도 준다.

100% 국내산 목우촌 닭고기를 사용해 믿을 수 있는 대한민국 대표 치킨 브랜드다. 또래오래는 '즐거움이 있는 곳에 친구들을 초대한다'는 의미로 또래들이 건전한 먹거리를 함께 즐길 수 있는 문화공간을 추구한다. '갈릭반핫양념반', '오곡후라이드 치킨', '볼빨간맵닭'이 인기 메뉴다.

18

만석닭강정

치믈리에의 선택 - 남녀노소에게 사랑받는 '보통맛'

백화점 팝업스토어가 열릴 때 보면 알 수 있다.
전 국민을 줄 서게 하는 치명적인 맛!

속초 하면 떠오르는 30년 전통의 닭강정 브랜드.
기존 치킨 전문점의 닭보다 1.5배 큰 닭을 가마솥에 튀겨내 넉넉한 양을 자랑한다.
식어도 맛있기 때문에 전국 택배 서비스가 가능한 것도 강점.
직접 가지 못한다면 택배가 최고다.

19

멕시카나

치믈리에의 선택 - 청양고추와 고추기름으로 맛을 낸 '땡초치킨'
한국인을 위한 매운맛인 알싸한 매콤함 때문에
마지막 한 조각까지 결코 물리지 않는다.

치킨 1세대의 자존심을 지키고 있는 장수 브랜드다. 꾸준한 신제품 출시 및 다양한 브랜드와의 컬래버레이션으로 치덕들의 눈과 입을 즐겁게 하고 있다. 최근 맛과 컨셉으로 꾸준히 언급되는 '치토스치킨', '오징어짬뽕치킨' 모두 멕시카나의 작품.

20

별별치킨

치믈리에의 선택 - 마늘의 알싸함과 달콤함의 조화가 좋고, 불맛이 가득한 '별별마늘닭'
한번 주문해 먹기 시작하면 멈출 수 없다.
지겨울 법도 한데 전혀 그렇지가 않다!

'별난 쉐프가 만드는, 지구상 어디에도 찾아볼 수 없는 별난 맛'이라는 슬로건 아래 2008년 가맹사업을 시작해 대박 행진을 이어가고 있다. 호텔 출신의 셰프가 바삭하게 튀긴 치킨을 불에 한 번 더 볶아 은은한 불향을 느낄 수 있다.

21

보드람치킨

치믈리에의 선택 - 얇은 튀김옷으로 겉은 바삭, 속은 촉촉한 '오리지널 치킨'
거리를 지날 때 코끝을 자극하는 냄새가 발걸음을 멈추게 하는 치킨이다.
아, 가장 먹고 싶었던 '아는 맛'의 냄새!

2001년에 문을 연 치킨 프랜차이즈다. 외식사업 분야의 그린푸드화와 가맹점의 권리를 지켜주는 파트너가 되는 것을 최우선 가치로 삼고 있다. 20여 종의 천연재료로 맛을 낸 숙성과정과 염지를 통해 만든 치킨이 주력 메뉴다.

22

부어치킨

치믈리에의 선택 - 바삭한 식감과 매운 양념이 입맛 당기는 '맛쇼킹윙봉'
맛이 느끼하지 않고 깔끔해 한 조각 남김없이
모두 입속으로 들어가게 만든다.

순박한 사나이를 뜻하는 '부어.' 순박한 사나이가 순수하고 진실된 마음으로 정성껏 치킨을 만들겠다는 의지를 담고 있다. 2005년 서울 당고개에 1호점을 오픈했다. 최근에는 쫄깃한 떡과 함께 달콤한 양념으로 입맛을 사로잡는 '라이스강정치킨'을 출시했다.

23

불로만숯불바베큐

치믈리에의 선택 - 한방 숙성으로 한국인의 입맛을 사로잡은 '한식 바베큐'
튀기지 않고 숯불에 구워 그나마 '죄책감'이 적게 든다.
중독성을 걱정해야 할 만큼 맛이 정말 뛰어나다.

20년 노하우가 집약된 한방 초벌 숯불 바비큐 치킨 브랜드다. 2018년 국내 1000개 매장 오픈과 해외 100개 매장 오픈을 목표로 세계인의 입맛을 사로잡고자 한다. '한식 바베큐' 외에도 '양식 바베큐', '까르보나라 바베큐' 등 이색적인 바비큐 메뉴를 선보이고 있다.

24

삼우치킨센타

치믈리에의 선택 - 국내산 생닭을 깨끗한 기름에 튀겨내 바삭하고 고소한 '후라이드치킨'
염지하지 않은 닭과 짭짤한 튀김옷의 조화가 최고의 맛을 느끼게 한다.
직접 만든 아삭한 치킨무는 맛을 배가시킨다.

구로, 영등포, 대림 먹방 코스에 빠지지 않고 등장하는 50년 전통의 동네 치킨집. 다양한 방송에 등장해 맛과 인기를 증명했다. 국내산 생닭을 고집하며, 담백한 맛의 후라이드치킨을 비롯해 기름을 쏙 뺀 전기구이와 골뱅이 소면 등 실한 안주 메뉴도 준비돼 있다. 160여 명을 수용할 수 있어 모임 및 회식 장소로도 손색없다.

25

신촌싸닭

치믈리에의 선택 - 잡내 없는 국내산 닭의 강력 어택 '후라이드+양념 반반'
바삭한 튀김옷과 육즙 가득한 속살의 조화,
순식간에 마음속 1순위를 차지할 만하다.

이대역과 신촌역 사이에 있는 포장 및 배달 전문 치킨집이다. 국내산 닭을 사용해 튀겨내는 바삭한 '후라이드치킨'과 추억에 잠기게 하는 '양념치킨'이 인기다. 대학가에 있는 만큼 저렴한 가격은 언제나 매력적이다.

26

쌀통닭

치믈리에의 선택 - 고소한 쌀가루 튀김옷으로 바삭바삭한 식감을 내는 '쌀통닭'
담백하면서 가장 기본에 가까운 맛.
곁들여 나오는 알새우칩이 별미다.

100% 국내산 냉장육에 쌀가루 튀김옷을 입혀 건강하고 담백한 치킨을 선보이는 브랜드다. 2013년 부산에서 시작했다. 밀가루 대신 쌀가루를 입혀 튀김옷이 상당히 바삭하고 염지 또한 잘되어 있다.

27

썬더치킨

치믈리에의 선택 - 달콤 짭조름한 간장맛과 아삭한 양파가 매력적인 '양파&간장치킨'
치킨을 주문하면 왜 치킨집 이름이 '썬더'인지 알 수 있다.
배달도 번개처럼 빠르고, 특히 튀김옷이 바삭하다.

'100% 국내산 닭, 독특한 배합의 염지법, 24시간 천연재료 숙성'의 원칙을 지켜왔다. 2005년 서울에서 시작해 현재 전국에 400여 매장을 보유한 치킨 브랜드로 성장했다. 합리적인 가격과 강렬한 맛으로 전국적으로 인기몰이를 하고 있다.

28

아웃닭

치믈리에의 선택 - 제대로 튀겨 물결무늬가 살아 있는 '프린스턴 후라이드'
홍대에서 처음 먹은 아웃닭은 그야말로 압권이었다.
감자, 떡 등을 제외하고 치킨만 봐도 최상위권이다.

2010년 부산 경성대 앞에 문을 연 치킨 프랜차이즈로, 대학생들의 입맛을 사로잡았다는 평을 듣고 있다. 패밀리레스토랑을 연상시키는 인테리어와 어두운 조명도 브랜드의 시그너처. 치킨의 진정한 퀄리티를 지키기 위해 배달은 하지 않는다고 한다.

29

양재닭집

치믈리에의 선택 - 담백하게 튀긴 추억의 옛날 '치킨'
가격에 한 번, 양에 두 번, 맛에 세 번 놀랄 준비를 해야 한다.
흐름이 끊기기 전에 넉넉히 주문하는 것이 좋다.

양재동의 터줏대감 치킨집, 서울 3대 치킨의 하나로 꼽힌다. 아침 9시부터 밤 10시까지 고소한 치킨 냄새가 진동한다. 착하디 착한 가격 1만 3000원으로 '치킨' 이라는 단일 메뉴만 선보인다. 붐비는 시간인 저녁 6~9시에 방문하면 치킨을 산처럼 쌓아놓고 먹는 사람들을 볼 수 있다.

30

엉클파닭

치믈리에의 선택 - 숙성한 파채를 듬뿍 올려 맛있게 매콤한 '레드파닭'
파닭계의 지존이다.
맛은 물론이고 파채와 치킨 양도 '혜자'스럽다.

파닭 마니아들 사이에 끊임없이 회자되는 파닭 치킨 맛집이다. 48시간 특별한 숙성과정을 거친 파채와 한 조각 한 조각 속이 꽉 찬 순살치킨을 제공해 가성비 최고의 파닭이라는 평이다. 파닭과 함께 국물떡볶이를 즐길 수 있는 세트 메뉴도 인기다. 잠실 본점은 창업주가 직접 운영한다.

31

오븐에빠진닭

치믈리에의 선택 - 오븐에 구워 바삭한 스테디셀러 '크리스피 베이크'
오븐에 구워 깔끔한 데다
후라이드 치킨 특유의 크리스피한 식감까지 동시에 느낄 수 있다.

'치킨을 치킨답게, 더 맛있게'라는 슬로건으로 2008년 탄생한 오븐구이 치킨 프랜차이즈다. 기름을 쏙 뺀 건강한 치킨의 이미지를 가지고 있다. 베이크 외에 로스트 메뉴도 있어 다양한 구운 치킨을 맛볼 수 있다.

32

웰덤치킨

치믈리에의 선택 - 신선한 양파와 상큼한 소스를 더한 '크리미어니언'
입안을 개운하게 해주는 아삭한 양파와 입맛 당기게 하는 상큼한 소스의 조화가
치킨의 맛을 완벽하게 끌어올린다.

강정이기가막혀와 ICG치킨앤버거가 통합해 새롭게 태어난 치킨 프랜차이즈다.
강정이기가막혀의 인기 메뉴는 그대로다. 다양한 네 가지 치킨을 모아놓은
'네가지맛' 세트도 가성비와 맛에서 따라올 곳이 없다.

33

장모님치킨

치믈리에의 선택 - 채종유에 담백하게 튀겨내 닭 본연의 맛을 즐길 수 있는 '후라이드'
옛날 통닭 스타일의 튀김옷이 매력적이다.
매번 사이드 메뉴가 바뀌어 주문할 때마다 설레게 된다.

1989년 1호점을 오픈한 치킨 1세대 격이다. 올바른 방법으로 맛있게, 더 많은 사람과 즐길 수 있도록 지역 농산물을 이용한 치킨 양념을 개발하는가 하면, 닭의 넓적다릿살과 매콤달콤한 소스가 조화로운 '스테이크치킨'처럼 새로운 메뉴를 개발하는 데도 노력을 아끼지 않는다.

34

지코바치킨

치믈리에의 선택 - 한국인의 입맛을 저격하는 '지코바 양념치킨'
양념 맛이 뛰어나 치밥에 정말 잘 어울린다.
치킨과 탄수화물의 꿀맛 같은 조합이다.

1994년 부산에서 출발한 숯불치킨 전문 프랜차이즈로, 부산과 포항을 중심으로 성장해왔다. 100% 국내산 식재료만을 고집하고 있으며, 숯불 양념치킨을 좋아하는 사람들 사이에서는 입소문이 자자한 브랜드다. 양념치킨 외에 담백하게 구워낸 '지코바 소금구이'도 인기다.

35

처갓집양념치킨

치믈리에의 선택 - 브랜드 고유의 화이트 소스를 끼얹은 '슈프림 양념치킨'
처갓집양념치킨의 모든 양념치킨은 '진리'다.
어떤 양념치킨을 먹어도 실패할 수가 없다.

1988년에 시작한, 대한민국 치킨 역사에서 빼놓을 수 없는 브랜드다. 처가를 방문한 사위에게 암탉을 잡아 요리해주던 장모님의 사랑처럼, 제품 하나하나에 사랑과 정성을 담아 고객에게 제공한다는 원칙을 지켜오고 있다. 국내는 물론 대만과 미국에서도 승승장구하고 있는 대한민국 대표 치킨집이다.

36

충만치킨

치믈리에의 선택 - 향긋한 숯불향과 짭조름한 간장맛이 배어 있는 '간장티꾸닭'
티꾸닭이라는 생소한 이름이 낯설지 모르나,
한 번 맛보면 중독된다. 사실 모든 메뉴가 다 맛있다는 게 함정.

충만치킨의 매력은 특허받은 '티꾸닭' 조리법에 있다. 티꾸닭은 튀기고 굽는 조리법을 합친 것으로, 기름에 튀긴 치킨을 고온의 숯가마에서 구워 튀김옷과 치킨 속 기름을 최대한 제거한 것이 특징이다. 덕분에 담백한 맛과 튀김닭의 장점을 모두 갖췄다. 배달이 안 돼 매장을 직접 방문해야 맛볼 수 있다.

37

치르치르

치믈리에의 선택 - 바삭하고 한입 베어물면 육즙이 가득한 '크리스피 후라이드'
닭의 신선도는 치르치르가 최고다.
뜨거울 정도로 배달이 빠르고, 바삭바삭함은 타의 추종을 불허한다.

2010년 홍대 인근에서 시작했다. 세련되고 편안한 분위기에서 즐길 수 있는 '퓨전 치킨팩토리'를 지향한다. 치킨과 치즈, 생크림, 파스타 등을 조화시킨 다양한 메뉴 개발에 힘을 기울이고 있어 치킨 메뉴만 해도 30여 가지나 된다.

38

치킨더홈

치믈리에의 선택 - 추억의 과자 치토스 시즈닝으로 맛을 낸 '경룡이치킨'
누구나 부담 없이 먹을 수 있는
'단짠단짠'의 하모니.

엄마의 정성과 마음으로 만드는 건강한 치킨 브랜드다. 하림 자연실록 친환경 닭만을 사용해 신선하고 쫀득한 육질이 특징이다. 카놀라유와 현미유를 배합한 기름으로 튀겨낸 담백한 치킨은 한국인의 입맛에 제격이다.

39

치킨매니아

치믈리에의 선택 - 치킨에 새우를 더해 매콤, 달콤, 새콤한 맛을 낸 '새우치킨'
닭과 새우는 육지와 물속이라는 다른 영역에 살지만
같이 먹으면 입에서 환상적인 화학작용을 일으킨다.

업계 최초로 치킨에 새우를 접목시킨 강정풍의 '새우치킨'은 치킨의 요리화를 열었다는 평가를 받으며 베스트 메뉴로 자리 잡았다. 조미료와 나트륨의 함량을 낮추고 천연재료와 향신채소의 비중을 높인 양념소스를 사용하는 것이 특징이다.

40

치킨플러스

치믈리에의 선택 - 중독성이 강한 '쉑쉑양꼬치킨'
맥주가 당길 때,
쉑쉑양꼬치킨을 강력 추천한다.

치킨은 물론 피자, 떡볶이 등 한국인이 가장 좋아하는 배달 메뉴를 한 번에 해결할 수 있다. 치킨 연구개발에 20년 이상 몸담은 전문가들이 모여 최고의 치킨을 선보인다.

41

코리안바베큐

치믈리에의 선택 - 숯불로 구워 더 쫄깃하고 맛있는 '한식바베큐'
맛이 자극적이지 않고 담백한 편이다.
늦은 밤에 먹어도 부담스럽지 않아 더 고마운 치킨이다.

1998년 수원 성대점에서 시작한 프랜차이즈 브랜드다.
코리안숯불닭바비큐에서 2008년 코리안바베큐로 BI를 변경했다. 황토화덕에 초벌구이해 기름기를 제거하는 것이 특징이다. 여타 바비큐 전문점과 달리 메뉴 선택의 폭이 넓은 편이다.

42

코리엔탈깻잎두마리칩킨

치믈리에의 선택 - 깻잎의 독특한 풍미와 식감이 매력적인 '후라이드 뼈닭'
한식에 가까운 치킨이 먹고 싶을 때
가장 먼저 추천하고 싶은 메뉴다.

2011년 첫선을 보인 이후 200여 개의 가맹점을 보유하고 있다. 특히 한국인이 좋아하는 채소인 깻잎을 파우더에 섞어 독특한 풍미의 치킨을 선보인다. '치바로우', '화사천' 등 오리엔탈풍의 신메뉴를 출시하며 좋은 반응을 얻고 있다.

43

타코야치킨하우스

치믈리에의 선택 - 숯불향이 살아 있는 치킨과 파채가 매력적인 '숯불양념바베큐'
기름기는 쏙 빼고 숯불향을 가득 담은 치킨과 함께
별미인 감자튀김도 꼭 먹어볼 것!

'연희동 치킨 맛집' 하면 독보적으로 손꼽히는 대표 동네 치킨 맛집이다. 숯불구이 전문점답게 가게 입구에서부터 뿜어져 나오는 숯불향이 유혹적이다. 가격도 저렴한 편으로 연희, 연남, 신촌 등지에 사는 자취생들에게 특히 반응이 좋다. 메인 메뉴인 숯불구이 외에 '파닭', '후라이드치킨' 등 다양한 메뉴를 갖췄다.

44

투존치킨

치믈리에의 선택 - '어니언치킨'과 '양념치킨', '오리엔탈파닭', '치빵버거'로 구성된 '어니언파닭'
취향대로 세 가지 맛을 한번에 맛볼 수 있고,
버거로도 즐길 수 있으니 1석 4조의 치킨인 셈이다.

독창적인 아이디어와 맛으로 소비자 마음을 사로잡았다. 특히 치킨을 햄버거로도 즐길 수 있는 '치빵버거'를 출시하는 등 참신한 아이디어를 내세운 젊은 감각의 브랜드로 성장 중이다. 두 마리 분량을 세 가지 맛으로 구성해 양과 맛에서 두루 만족스러운 치킨을 선보이고 있다.

45

티바두마리치킨

치믈리에의 선택 - 스테디인 이유가 있는 '양념치킨+후라이드치킨'
가장 무난한 스테디셀러 메뉴다.
반반이라면 실패할 리 없다.

'티끌 모아 태산'이라는 속담과 '바지런하다'라는 우리말의 합성어로 만들어진 '티바'에 두 마리 치킨이라는 특징을 붙여 브랜딩한 치킨 프랜차이즈다. 넉넉한 양을 포인트로 최근에 '119불양념', '양심치킨' 등의 신메뉴를 내놓았다.

46

페리카나

치믈리에의 선택 - 고추장, 마늘 베이스에 20여 가지 양념이 어우러진 37년 전통의 '양념치킨'
지극히 클래식하다고 생각되는 양념치킨은
다른 치킨에 눈을 돌렸다가도 다시 돌아오게 하는 마성의 맛을 품고 있다.

창립 40주년을 바라보는 대한민국 대표 치킨 브랜드다. 특히 1980년대 고추장, 양파, 마늘 등 20여 가지 재료로 매콤달콤한 양념소스의 양념치킨을 선보인, 국내 치킨 역사의 산증인이다. 꾸준히 인기를 이어오며 미국, 중국 등 11개국에 양념치킨을 소개하고 있다.

47

푸라닭

치믈리에의 선택 - 간장 소스와 담백한 마늘의 만남 '블랙알리오치킨'
'단짠'의 정석이다.
괜히 유명해진 게 아니다.

치킨은 요리이자 가치라고 명하고 있다. 치킨 포장에서 흔히 볼 수 없는 고급스러운 검정색 패키지로 많은 고객에게 인지도를 높였다. 치킨 세계에서 3세대 조리방식인 오븐 후라이드를 선보인다. 기본 후라이드 치킨인 '푸라닭치킨'과 고소하고 달콤한 '고추마요치킨'도 인기가 높다.

48

해남닭집

치믈리에의 선택 - 옛날 통닭의 모습을 그대로 간직한 '후라이드치킨'
즉석에서 튀겨주는 '후라이드치킨'은 '엄청난 맛'이다.
가격도 착하다.

건대 먹자골목에서 20년 넘게 자리를 지키고 있다. 매일 산지직송되는 생닭을 깨끗한 기름으로 바삭하게 튀겨내 싱싱하고 육질이 좋은 치킨을 낸다. 동네 사람들은 물론 멀리서 오는 포장 손님도 많다. 정직하게 튀겨낸 '후라이드치킨'과 '양념치킨'이 대표 메뉴이며, 생닭도 구매 가능하다.

49

호치킨

치믈리에의 선택 - 오븐에 한 번 더 구운 프리미엄 치킨 '치슐랭'
'단짠'에 매콤함까지 더해져 끊임없이 입맛 당기게 한다.
이런 맛을 기다려왔다.

호치킨은 '좋은 사람이 좋은 재료를 사용해 좋은 마음으로 조리한 치킨'이라는 뜻이다. 정직한 재료로 차별화된 맛과 합리적인 가격의 치킨을 만들고 있다. 크리스피 스타일과 로스트 스타일의 다양한 메뉴가 있으며 '간장치킨', '어니언치킨' 등이 인기 메뉴다.

50

후라이드참잘하는집

치믈리에의 선택 - 기본 중의 기본, 크리스피한 '후라이드치킨'
최근 가장 주목해야 할 후라이드 치킨이다.
적당한 매콤함과 바삭함이 특출하다.

치킨의 기본은 후라이드 치킨이며 그렇기에 후라이드 치킨을 맛있게 만들겠다는 철학을 가진 프랜차이즈 브랜드다. 브랜드 이름에서 알 수 있듯이 후라이드 치킨을 참 잘하기에 '양념치킨' 등 다양한 응용 메뉴에 대한 평 또한 좋다.

3

치킨을 즐기다

내 영혼의 닭다리 사수법

어느 치믈리에가 말했다.
소담히 쌓인 치킨 조각 중 닭다리가 가장 위에 놓이는 것은 다 그럴 만한 이유가 있어서라고. 치킨 조각 중에서도 가장 크고 먹음직스러운 닭다리는 사람들의 시선을 사로잡으며 가슴을 요동치게 한다. 저 닭다리를 어떻게 내 것으로 만들 것인가?
치믈리에들의 열정적 노하우를 알아보자.

닭다리에 양보란 없다.
먼저 집는 사람이 임자, 누구보다
재빠른 스피드를 키워라. 여러 사람이 함께
먹을 때 치킨 박스를 열면서 '닭다리 먹을 사람~'이라며
조용히 물어보라. 그리고 0.0000001초 만에 자문자답
하며 외쳐라. '나!!!!!!' 치킨이 있는 곳에 사람이 많을수록,
특히 친하지 않은 사람이 많을수록 서로 닭다리를 양보해야 할 것
같은 상황이 펼쳐진다. 그러나 그런 자리라 하더라도 닭다리를
향한 열정이 승리할 수 있도록 최선을 다해야 한다. 치킨 중 가장
작은 조각을 빠르게 해치우고 두 번째 조각으로 닭다리를 들어라.
그리고 먹어라. 다들 싸우지 말라. 치킨을 닭다리로만 시키면
평화가 찾아온다. 치킨값을 내라. 닭다리를 잡는 손에 당당함이
묻어날 것이다. 닭다리는 치킨의 진리이며 바이블이다.
이 맛있는 것을 아내와 공평하게 나눠 먹자. 가정에 평화가
찾아온다. 닭다리 끝의 뼈를 오독오독 씹어야만 치킨을
먹은 것 같다. 그래서 1인 1닭이 좋다. 무심코 두 다리
다 먹지 않도록 조심하자. 친한 사이일수록
치킨 매너를 지키는 게 중요하다.
1인 1닭 외에는 뾰족한 방법이 없다.
가위바위보를 잘하든지,
치킨값을 내든지.
둘 중 하나다. 닭다리
특유의 육즙 가득한
속살과 쫀득하게
씹히는 식감은
심히 매력적이다.
그 매력을 양보하는
건 있을 수 없는 일.
역시 1인 1닭이다.
좋은 평판을 얻고 싶다면
닭다리를 양보하라.
하지만 치킨 앞에서 평판
따위가 무슨 소용인가.
재빠르게 닭다리를 움켜쥐고
뜯어라. 누구도 당신을
말릴 수 없다.

치킨무 페이스 조절법

때로는 주인공보다 간절하기에

새콤달콤함을 품은 하얀 정육면체의 치킨무.
치킨 세계의 조연이라 평소에는 잘 생각나지 않지만,
고소한 치킨이 목젖을 수차례 치고 넘어간 후에는 이야기가 달라진다.
타는 목마름을 달래주기도 하고 치킨의 맛을 더욱 풍부하게
만들어주는 치킨무. 치킨 애호가들은 어떻게 먹을까?
치믈리에들이 밝힌 네 가지 유형의 치킨무 페이스 조절법.

재력가 타입

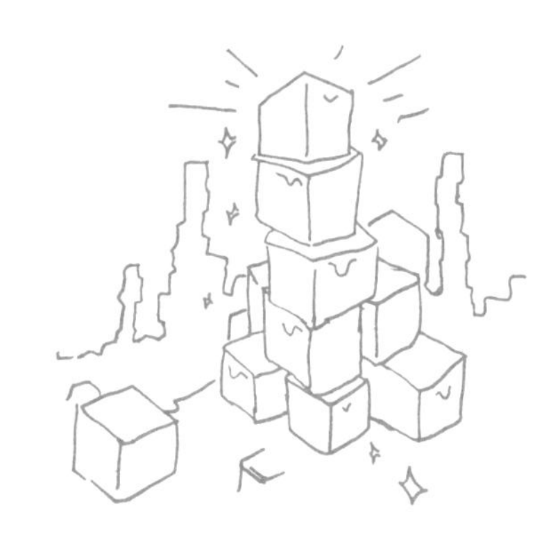

"치킨무 하나 추가요!"

치킨집에서 먹을 때 서슴없이 치킨무 추가를 외치고, 배달시킬 때에도 꼭 치킨무를 추가로 주문하는 유형이다. 치킨과 조화를 이루는 치킨무를 왜 아껴 먹어야 하는지 결코 이해하지 못한다. 더 맛있는 치킨 레이스를 위해 500원쯤은 호쾌하게 투자하는 타입이다.

응용력 고수 타입

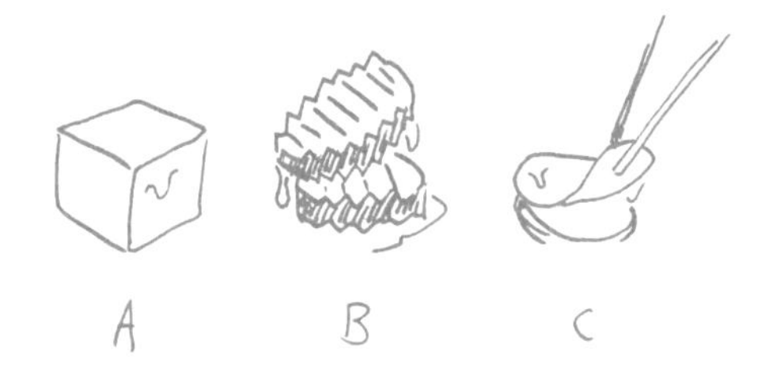

"어쩐지 치킨무가 남더라니."

이들은 물론 치킨무도 즐기지만, 집에 있는 피클이나 쌈무 등도 함께 즐길 줄 아는 스타일이다. 느끼함을 잡기 위해 일상적 사고를 넘나드는 다양한 변주를 시도하는 데에도 적극적이다. 치밥에는 깍두기나 배추김치까지 허용한다.

밸런스 타입

"내 속도는 몸이 기억해."

치킨 두 입에 치킨무 하나를 먹는 스타일이다. 대다수의 치믈리에가 이 유형에 속하는데, 그동안 치킨을 먹어온 내공이 몸에 쌓여 굳이 계산하지 않아도 자연스레 위 공식을 지켜낸다. 치킨 타임이 끝날 무렵에는 치킨무 한두 조각만 남게 되는 경이로운 균형감각을 보여준다.

고독한 인내가 타입

"참아, 참을 수 있을 때까지!"

치킨에 오롯이 집중한 후 느끼함이 차오를 때 비로소 치킨무 한 조각을 집어먹는 놀라운 인내심의 소유자들이다. 이들은 치킨무가 없어서 못 먹는 경우와 있는데도 참는 경우는 전혀 다르다는 점을 아는 현자이기도 하다. 때로는 치킨무 2~3조각을 한 번에 먹는 과감함을 보이기도 하는데, 이러한 인내심과 과감함은 1인 1닭을 할 때에만 발현되는 경우가 많다.

남은 치킨에 관하여…

치킨은 남지 않는다.

그래도 남는다면?

치믈리에의 남은 치킨 활용법

치킨은 남지 않는다.

아니, 치킨을 정말로 사랑한다면 남길 수가 없다. 가끔, 아주 가끔 위장 컨디션이 좋지 않을 때라면 어쩔 수 없겠지만…(슬프다). 그럴 때는 남은 치킨을 전자레인지에 돌려 치킨 속 수분을 날린 후 보관하자. 그러면 다음 날에도 바삭한 식감이 어느 정도 살아 있는 치킨을 먹을 수 있다.

이보다는 좀 더 발전적인 치킨 활용법을 알고 싶다면, 따뜻한 한 끼 식사로 즐겨보는 것은 어떨까? 진정한 치믈리에라면 먹다 남은 치킨으로 한 끼 정도는 그럴싸하게 만들 줄 알아야 한다. 남은 치킨으로 만들 수 있는 초간단 레시피 여섯 가지.

치킨 대파 볶음밥

고슬고슬한 밥에 남은 치킨, 다진 마늘, 다진 대파와 간장을 넣어
완성한 메뉴로 최소한의 재료로 최상의 맛을 낸다.

재료

후라이드 치킨 2~3조각, 마늘 1톨, 대파 5cm, 밥 1공기,
간장 1~1.5큰술, 식용유 약간

만들기

1 치킨은 먹기 좋게 살을 잘게 발라낸다.

2 마늘은 잘게 다지고, 대파는 송송 썬다.

3 달군 팬에 식용유를 두른 뒤 2의 마늘과 대파를 약불에서
볶다가 1을 넣고 함께 볶는다.

4 3에 밥과 간장을 넣고 고루 볶아 완성한다.

TIP

잘게 부순 김가루와 마요네즈를 곁들이면 치킨 마요 덮밥처럼 즐길 수 있다.

치킨 크림 파스타

생크림에 씨겨자를 넣고 볶아 느끼하지 않은 파스타로
집에서 레스토랑 분위기를 내고 싶을 때 딱이다.

재료

순살치킨 2조각, 브로콜리 1/4송이, 스파게티 80g,
생크림 1컵, 씨겨자 2작은술, 다진 마늘 1.5작은술,
소금·후추·식용유 약간

만들기

1. 순살치킨과 브로콜리는 먹기 좋은 크기로 썬다.
2. 스파게티는 끓는 물에 소금을 넣고 6분 정도 삶는다.
3. 달군 팬에 식용유를 두르고 다진 마늘을 넣고 볶다가 치킨과 브로콜리를 넣은 뒤 소금과 후추를 넣고 볶는다.
4. 3에 생크림과 씨겨자를 넣고 한소끔 끓어오르면 스파게티를 넣고 볶는다. 면에 소스가 적당히 배고 걸쭉해지면 소금으로 간을 한다.

TIP

씨겨자 대신 머스터드 소스를 넣어도 좋다. 크림 파스타의 느끼한 맛을 잡아주고
풍미를 더해주기 때문에 따로 치즈를 넣지 않아도 맛있는 크림 파스타를 만들 수 있다.

치킨 콥 샐러드

남은 치킨에 먹기 좋게 손질한 컬러풀한 채소를 곁들인 메뉴로
기름진 속을 달래고 싶을 때 건강하게 즐길 수 있다.

재료

순살치킨 2조각, 방울토마토 6개, 삶은 달걀 1개,
아보카도 1/2개, 어린잎채소 80g

드레싱 재료

플레인 요구르트 2큰술, 마요네즈 2큰술,
파르메산 치즈가루 1.5큰술, 다진 마늘 1/2작은술, 후추 약간

만들기

1. 순살치킨과 방울토마토, 삶은 달걀은 먹기 좋은 크기로 썬다.
2. 아보카도는 씨와 껍질을 제거한 뒤 1과 비슷한 크기로 썰고, 어린잎채소는 흐르는 물에 씻어 물기를 뺀다.
3. 볼에 드레싱 재료를 넣어 고루 섞는다.
4. 그릇에 어린잎채소를 깔고 위에 치킨과 방울토마토, 삶은 달걀과 아보카도를 올리고 드레싱을 곁들인다.

TIP

아보카도 대신 오이, 어린잎채소 대신 양상추 등 각종 샐러드 채소로 대체할 수 있다.
담백한 빵을 곁들이면 든든한 한 끼로도 손색없다.

오야코동

치킨과 달걀 그리고 밥까지 더해져 든든한 한 끼 식사가 되는 메뉴로
달짝지근한 맛이 특징이다.

재료	간장치킨 2~3조각, 달걀 1개, 양파 1/2개, 대파 6cm, 밥 1공기
소스 재료	간장 1큰술, 참치액 1큰술, 설탕 1.5큰술, 물 2/3컵

만들기

1. 간장치킨은 살을 잘게 발라내고, 볼에 달걀을 넣어 푼다.
2. 양파는 채썰고, 대파는 송송 썬다.
3. 팬에 소스 재료와 양파를 넣고 끓어오르면 달걀물을 붓고 치킨과 대파를 얹는다.
4. 3의 뚜껑을 덮고 달걀이 적당히 익으면 밥 위에 얹어 낸다.

TIP

오야코동을 만들 때는 보통 청주나 맛술로 닭 비린내를 없애지만, 먹다 남은 치킨을 사용할 경우에는 생략해도 된다. 양파와 함께 잘게 썬 양배추를 넣어도 맛있다.

양념 떡 치킨

양념치킨과 떡볶이 떡을 양념치킨 소스에 함께 버무린 간식으로
추억의 떡꼬치 맛을 떠올리게 한다.

재료

양념치킨 3조각, 떡볶이 떡 2/3공기, 마늘 2쪽,
대파 7cm , 건고추 1/2개, 양념치킨 소스 4큰술, 식용유 2큰술

만들기

1. 마늘은 편으로 얇게 썰고, 대파는 어슷하게 썬다.
건고추는 0.5cm 두께로 자른다.

2. 팬에 식용유를 두르고 1을 넣고 고추기름이 배어나올 때까지
약불에서 볶는다.

3. 2에 떡볶이 떡을 넣고 노릇하게 볶는다.
양념치킨과 양념치킨 소스를 넣고 버무리다가
치킨이 따뜻해지면 그릇에 옮겨 담는다.

TIP

떡볶이 떡은 약불에서 겉면이 바삭해질 정도로 익혀야 속은 부드러우면서
겉으로 소스가 잘 묻어 떡꼬치 같은 식감을 즐길 수 있다.

3분 치킨 카레

남은 치킨과 즉석 카레만 있으면 밥으로도, 토르티야로도 즐길 수 있는 메뉴다.
버터를 넣어 풍미를 더한 것이 특징이다.

재료

후라이드 치킨 2~3조각, 시판용 3분 카레 1봉, 토르티야 2~3장, 토마토 스파게티 소스 3큰술, 우유 1/4컵, 버터 1/2큰술, 파슬리 약간

만들기

1. 후라이드 치킨은 먹기 좋게 살을 발라낸다.
2. 냄비에 3분 카레와 토마토 스파게티 소스, 우유를 넣어 한소끔 끓인 뒤, 버터와 파슬리를 넣는다.
3. 토르티야는 마른 팬에 노릇하게 구워 먹기 좋게 자른 후, 2의 카레에 곁들여 낸다.

TIP

마지막에 버터를 넣으면 카레 맛이 훨씬 부드러워지고 입맛을 돋우는 풍미가 난다.
토르티야 대신 밥이나 삶은 우동면을 곁들여 먹어도 맛있다.

편의점 치킨의 세계

치킨 생각이 너무 간절하지만
상황이 여의치 않을 때
우리가 할 수 있는 최선의 방법,

편의점 치킨!

CU에서 만날 수 있는
치킨 베스트 3

1 치킨가라아게꼬치 - 가격 1500원

고소하고 짭짤하며, 닭다릿살이 쫄깃한 식감을 준다. CU의 '칠리 소스'나 '허브델리 소스'를 뿌려 먹으면 맛이 더욱 풍부해진다.

2 매콤가라아게꼬치 - 가격 1500원

매운맛과 짭짤한 맛의 조화가 잘 어우러진다. CU에서 판매하는 '매콤넓적다리'보다는 매운맛이 덜하다. 닭다릿살이 두툼해 먹음직스럽고, 식감도 뛰어나다.

3 매콤넓적다리 - 가격 1900원

후추향이 강하며, 넓적다릿살은 쫄깃쫄깃하다. 캐러멜류의 달큰한 맛과 견과류의 고소한 맛이 특징인 맥주 '긍정신 레드에일'과 잘 어울린다.

미니스톱에서 만날 수 있는 치킨 베스트 3

1 어니언닭다리 - 가격 2000원

양파와 어우러진 마늘향이 매력적이다. 닭다릿살이 매우 고소하며, 오트밀크럼블 등의 곡물 플레이크가 들어가 바삭바삭하다.

2 케이준순살치킨 - 가격 1500원

마늘과 양파, 칠리, 후추, 겨자 등이 들어간 케이준 소스로 양념해 매콤하다. 미니스톱에서 함께 판매 중인 '스리라차넓적다리'보다는 매운맛이 순한 편이다.

3 빅사천꼬치 - 가격 1500원

닭다릿살의 고소함이 잘 느껴지고, 전분을 알맞게 사용해 오랫동안 바삭함이 유지된다. 사천고추가 들어가 매우면서도 뒷맛이 깔끔하다.

GS25에서 만날 수 있는 치킨 베스트 3

1 닭가슴살꼬치 - 가격 1300원

짭짤하면서도 담백하다. 튀김옷은 두꺼운 편이지만 매우 바삭하다. 하이트나 하이네켄 같은 청량한 느낌의 라거 맥주와 잘 어울린다.

2 바삭통다리치킨 - 가격 1800원

GS25에서 판매하는 치킨 중 가장 인기 있는 치킨답게 상당히 바삭하고 짭조름한 간도 알맞다. 닭다릿살은 야들야들하고 쫄깃하다.

3 핫할라피뇨치킨 - 가격 1900원

매운맛을 좋아하는 사람에게 추천하고 싶은 메뉴다. 치킨을 한입 베어물면 할라피뇨의 알싸한 매운맛이 입안 가득 진하게 퍼진다. 닭다릿살의 기름진 맛과 할라피뇨의 매운맛이 뛰어난 조화를 이룬다.

세븐일레븐에서 만날 수 있는 치킨 베스트 3

1 허브안심꼬치 - 가격 1500원

은은하게 퍼지는 허브향이 매력적이며, 닭안심으로 만들어 부드럽고 담백하다. 튀김옷은 두꺼운 편이지만 식감은 바삭하다.

2 매콤가라아게꼬치 - 가격 1500원

매운맛이 강한 편이나 입안이 얼얼할 정도는 아니다. 닭다릿살의 고소함이 잘 느껴진다. 단맛이 강한 코카콜라나 '브루클린 라거' 맥주와 잘 어울린다.

3 짱바삭매콤치킨 - 가격 2000원

약간 매콤하기 때문에 매운맛을 힘들어하는 사람도 도전해볼 만하다. 세븐일레븐에서 판매하는 '치즈어니언맛 시즈닝'을 더하면 더욱 고소하다.

치킨맛 과자의 세계

치킨집을 벗어나
편의점과 마트에서 발견한
색다른 치킨맛 10

닭다리 - 후라이드 치킨맛

용량	66g
가격	1400원
치킨 함량	닭고기 3.3%(국산)

빵가루를 입혀 튀겼기 때문에 바삭하고 고소한 맛이 뛰어나다. 후라이드 치킨의 맛과 향을 고루 느낄 수 있으며, 케첩이나 머스터드 소스에 찍어 먹어도 좋다.

고래밥 - 양념치킨맛

용량	160g
가격	2700원
치킨 함량	닭고기 0.04%(국산)

짭조름한 맛과 달콤한 맛이 조화롭다. 양념치킨맛 시즈닝이 골고루 뿌려져 있어 처음부터 끝까지 양념치킨맛을 느낄 수 있으며, 튀기지 않고 오븐에 구워 담백하기까지 하다.

감자칩 - 갈릭치킨맛

용량	60g
가격	1500원
치킨 함량	갈릭치킨맛 시즈닝 1.1% (치킨 11.7%, 닭육수 5.1%, 마늘 분말 12.5%)

감자칩이 두껍지 않아 바삭한 마늘치킨을 먹는 느낌이 난다.
담백한 데다 잘 구운 마늘향이 더해져 감칠맛이 뛰어나다.

뿌셔뿌셔 - 양념치킨맛

용량	90g
가격	900원
치킨 함량	스프 중 양념치킨맛 양념분말 43%

가느다란 면에서 느낄 수 있는 바삭하고 고소한 맛과 양념분말에
담긴 약간 매콤하고 짭짤한 맛의 밸런스가 우수하다.
면에 양념분말을 뿌릴 때 양을 조절할 수 있어 연한 맛을 좋아하는
사람에게도 그만이다.

베이비스타 - 치킨맛 라멘

용량	101g
가격	1500원
치킨 함량	닭고기추출물조제품 0.57%(닭고기추출물 0.5091%), 복합시즈닝 40.19%(치킨본추출물 0.0019%)

뿌셔뿌셔만큼 가느다란 면의 식감이 좋다. 간장맛 치킨을 먹는 듯한
느낌을 주며 단맛은 적다. 후라이드 치킨의 맛과 향을 고루 느낄 수
있으며, 케첩이나 머스터드 소스에 찍어 먹어도 좋다.

크리스피 치킨

용량	35g
가격	3000원
치킨 함량	닭육포 함량 40.08%(국산 닭가슴살 사용)

냉장육 닭가슴살 150g 정도를 기름과 껍질 등을 제거하고 세척과
건조과정을 거쳐 밀가루 반죽을 입힌 후 식물성 기름으로 튀겨냈다.
그래서 정말 뛰어나게 후라이드 치킨맛이 난다.

바삭바삭 닭가슴살 크런칩 - 시그너처맛

용량	25g
가격	3500원
치킨 함량	닭가슴살 97.32%(국산)

닭가슴살을 얇게 저며 건조한 후 오븐에 구워 담백하고 바삭바삭하다. 한 봉지를 다 먹어도 94.6kcal라 살찔 부담도 적다.

스윙칩 - 간장치킨맛

용량	60g
가격	1500원
치킨 함량	0.02%

봉지를 뜯자마자 전해오는 간장의 향이 기분 좋게 한다. 물결무늬의 두꺼운 생감자칩 식감과 달콤하고 짭조름한 시즈닝의 조화가 매력적이다. 교촌치킨의 간장 소스가 연상되기도 한다.

오!감자 - 양념치킨맛

용량	115g
가격	2500원
치킨 함량	0.05%

매콤하고 달콤한 양념치킨의 맛을 잘 느낄 수 있다. 시즈닝이 충분히 되어 있어 콜라나 맥주와 함께 먹어도 본연의 맛이 유지돼 음료와 조화를 이룬다. 가운데 구멍이 뚫린 막대 모양의 감자에서 느낄 수 있는 바삭한 식감도 좋다.

포테토칩 - 매콤치킨맛

용량	125g
가격	3000원
치킨 함량	매콤치킨맛 시즈닝 2.1%

달고 매콤한 맛이 두드러진다. 꽤 자극적인 맛이라 맥주가 생각날 수도 있다. 감자칩의 두께가 1.4~1.5mm로 씹는 식감이 좋으며, 고소한 맛은 달고 매콤한 시즈닝과 잘 어울린다.

치킨
여행 코스

집에서만 먹으면 무슨 재민겨?

치킨의 가장 큰 매력 중 하나는 손쉽게 배달시켜서 먹을 수 있다는 점이다.
하지만 편리하다고 매번 배달시켜서 먹으면 치킨덕후로서 20% 아쉽다. 여행하듯
가끔씩은 소문난 치킨집을 방문해 그곳만의 비법도 상상해보고, 최고의 경지를
향한 주인장의 열정도 느껴보고, 신메뉴도 진지하게 음미해보는 것은 어떨까?

이를 위해 치믈리에들과 에디터가 의기투합해 13가지 치킨 여행 코스를
펼쳐보았다. 망원동과 부암동, 혜화동, 안암동, 낙성대, 홍대, 건대, 도산공원 등
서울의 여러 지역과 인천, 속초, 순천, 대구, 대전, 제주도 서귀포 등에서 꼭 한 번
들러볼 만한 치킨집으로 선별했다. 나아가 여행이라는 컨셉에 걸맞게 치킨집을
중심으로 주변에 있는 매력적인 장소도 함께 소개했다.

치킨을 사랑한다면 반나절이나 하루, 1박 2일을 가리지 않고 시간이 허락되는
대로 재미있고 색다른 치킨 여행을 떠나보자.

망원동

추천 코스

프릭스 →
어쩌다가게 →
큐스닭강정 →
망원한강공원

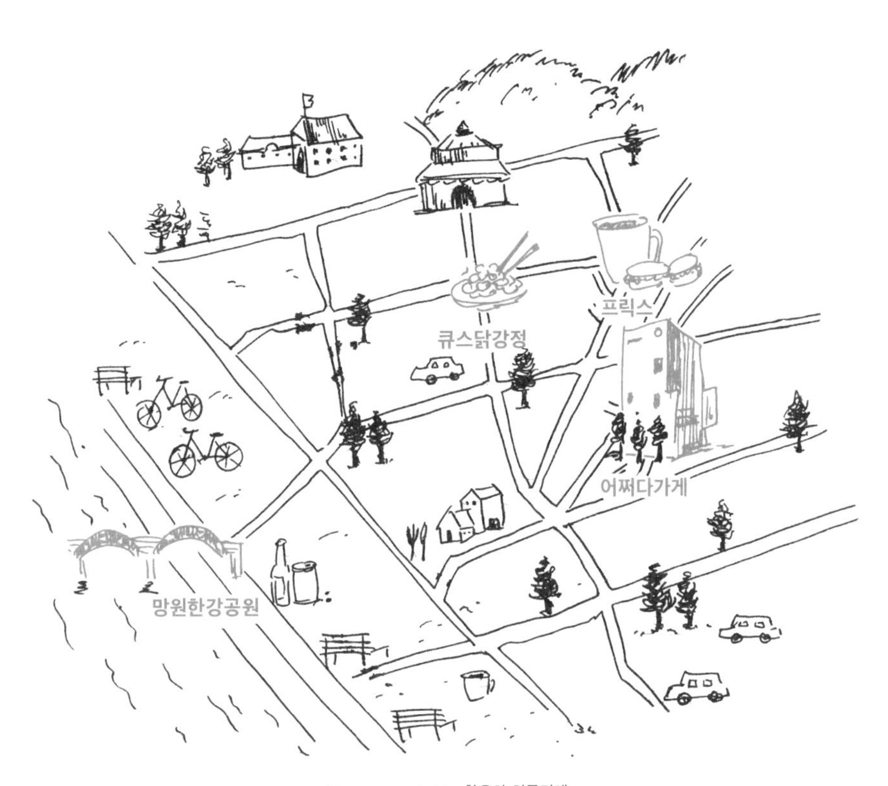

Recommended by 황용하 치믈리에

① 15시 - 프릭스

동심을 자극하는 망원동의 작은 카페다. 아기자기하고 정감이 흐르는 소품들로 머무는 내내 즐거움을 선사한다. 커피를 비롯한 음료 메뉴와 디저트에도 이곳만의 독특한 개성이 넘쳐나고, 손글씨로 써내려간 메뉴판에서는 휴식의 여유로움이 느껴진다. 재기발랄한 데커레이션의 디저트는 주인장의 솜씨라고 한다. '젤리 치즈 케이크'부터 '테디 베어 토스트'까지 모두 SNS에 올리고 싶은 극강의 비주얼을 자랑한다. 평일에는 디저트가 빠르게 소진되므로 조금 서두르는 것이 좋다.

주소　서울시 마포구 포은로6길 39 1층
전화번호　010-9091-9059
운영시간　화요일~금요일 12~18시, 일요일 13~22시, 월요일 휴무

② 17시 - 어쩌다가게

이름처럼 어쩌다 모여 하나의 가게가 된 공간이다. 2층에 한식당과 바, 카페, 공방, 서점 등 13개의 다양한 가게가 입점해 있다. 구석구석 쉴 수 있는 공간이 마련되어 있어 한동안 머물기에도 좋다. 특히 맥주 큐레이션 숍 '위트위트'에서는 국내에서 쉽게 볼 수 없는 맥주를 구입할 수 있다. 이 밖에도 부암동의 토스트 맛집인 '키오스크'와 혼술하기 좋은 '사뭇', 잠시 마음의 휴식을 얻을 수 있는 '어쩌다책방'도 놓칠 수 없다. 식사부터 커피 그리고 오너의 취향이 가득한 작은 숍 구경까지 한곳에서 즐길 수 있다는 점이 매력이다.

주소　서울시 마포구 월드컵로19길 74
전화번호　070-5121-5627
운영시간　12~23시, 월요일 휴무

③ 18시 - 큐스닭강정

길게 늘어선 줄만 보아도 단번에 맛집임을 알 수 있다. 망원시장의 터줏대감 격인 '큐스닭강정'은 망원동 주민이었던 장미여관의 보컬 육중완이 추천하며 더욱 유명해졌다. 엄선한 8가지 한약재에 국내산 닭을 넣고 12시간 이상 숙성하는 등 맛과 영양에 심혈을 기울였다. '과일 닭강정', '치즈머스터드 닭강정', '매콤 닭강정', '깐풍 닭강정' 등이 있으며, 컵 사이즈부터 3분의 1마리, 반 마리, 한 마리 등으로 세심하게 분류되어 선택의 폭도 넓다. 5만 원 이상 주문 시에는 배달도 가능하다. 늦은 오후에 들러 닭강정을 포장해 망원시장을 둘러보며 망원한강공원으로 향한다면 최고의 코스가 될 것이다.

주소　서울시 마포구 망원로8길 27
전화번호　02-3143-5577
운영시간　09시30분~21시30분

④ 19시 - 망원한강공원

망원시장에서 큐스닭강정을 포장한 뒤 한강 방향으로 15분가량 걷다 보면 망원한강공원이 나온다. 탁 트인 한강 둔치에 앉아도 좋고, 잔디밭에 앉아도 좋은 마포구의 대표적 '치맥' 명소다. 근처 편의점에 들러 맥주만 구입하면 준비는 끝. 솔솔 부는 강바람을 맞으며 큐스닭강정을 먹다 보면 기분이 절로 좋아진다. 해가 길어지는 하절기에 시간만 잘 맞추면 도시의 풍경과 어우러지는 근사한 일몰도 볼 수 있다. 최근 망원한강공원에 서울함공원이 조성되어 다양한 볼거리까지 더해졌는데, 10월까지는 저녁 8시까지 운영한다고 하므로 한번 들러볼 만하다.

주소　서울시 마포구 마포나루길 467
전화번호　02-3780-0601

부암동

추천 코스

윤동주문학관 →
사이치킨 →
부빙 →
북악팔각정

Recommended by 장한결 치믈리에

① 15시 - 윤동주문학관

생전에 자주 인왕산에 올라 시정을 다듬었던 윤동주 시인을 기리기 위해 2012년 문을 열었다. 버려졌던 청운 수도가압장과 물탱크를 개조한 곳으로, 세상사에 지친 현대인들의 마음을 달래기에 충분하다. 총 3곳의 전시실과 부대시설로 이루어져 있다. 제1전시실 '시인채'에서는 윤동주 시인의 일생을 시간의 흐름에 따라 배열한 사진자료와 육필원고를 전시하고 있다. 제2전시실 '열린 우물'은 윤동주 시 〈자화상〉에 등장하는 우물에서 모티프를 얻은 공간이며, 제3전시실 '닫힌 우물'은 침묵하고 사색하는 공간이다. 전시실 밖으로는 '별뜨락'이라는 휴식 공간과 '시인의 언덕'이라는 산책로가 조성되어 있다.

주소　서울시 종로구 창의문로 119
전화번호　02-2148-4175
운영시간　10~18시, 월요일 휴무

② 17시 - 사이치킨

윤동주문학관에서 도보로 약 3분 거리에 있지만, 작은 골목에 자리 잡고 있어 그냥 지나치기 쉽다. 숙주샐러드를 곁들인 '사이후라이드 숙주세트'가 이곳의 대표 메뉴다. 얇고 바삭바삭한 튀김옷과 적당한 염지, 풍부한 육즙 등으로 인기가 높다. 독특하게 숙주 샐러드가 곁들여 나오는데, 치킨을 먹다가 느끼해진 입맛을 상큼하고 개운하게 해준다. 송송 썰어 올린 청양고추도 입맛을 당기며 개운한 맛을 더한다. 숙주 샐러드는 무한 리필이 가능하며, 매일 튀겨내는 알새우칩도 맥주를 부르는 또 하나의 별미다.

주소　서울시 종로구 백석동길 1
전화번호　02-395-4242
운영시간　13~01시

③ 18시 - 부빙

사이치킨에서 1분 거리에 있는 부빙은 자매가 운영하는 부암동의 빙수 가게로, 일본 도쿄의 다양한 빙수 맛에 반해 오픈한 곳이다. 얼음과 팥, 우유 등 빙수의 기본이 되는 재료를 바탕으로 맛을 구현해내기까지 약 1년의 연구 끝에 지금의 빙수 가게를 열었다고 한다. 이 같은 열정과 정성 덕분에 여름뿐 아니라 겨울에도 즐겨찾는 부암동의 보물 같은 곳이 되었다. 여러 메뉴 중에서도 '블루레몬 빙수'와 '옥수수 빙수'의 인기가 높다. 메뉴는 시즌별로 바뀌므로 SNS 공지를 참고해 방문하는 것이 좋다.

주소　서울시 종로구 창의문로 136
전화번호　02-394-8288
운영시간　13~22시, 월요일 휴무

④ 19시 - 북악팔각정

서울을 대표하는 드라이브 명소다. 부빙에서 차를 타고 굽이굽이 북악스카이웨이를 오르다 보면 서울이 한눈에 내려다 보이는 북악팔각정에 이르게 된다. 남쪽으로는 남산과 한강이 보이고, 북쪽으로는 북한산 자락과 평창동 일대가 눈 아래 펼쳐지는 등 방향에 따라 전망 포인트가 달라 다양한 서울의 매력을 한껏 감상할 수 있다. 1년 뒤 발송되는 느린 우체통은 연인과의 추억을 쌓기에도 제격이다. 파스타 및 스테이크 전문점 '하늘 레스토랑', 한정식당 '해오름', 토속주점 '하늘주막', 카페 '스카이 카페' 등 다양한 부대시설이 마련돼 있다.

주소　서울시 종로구 북악산로 267
전화번호　02-725-6602
운영시간　11~23시

혜화동 & 안암동

추천 코스

호호식당 →
밀크공방 →
낙산공원 →
삼통치킨 본점

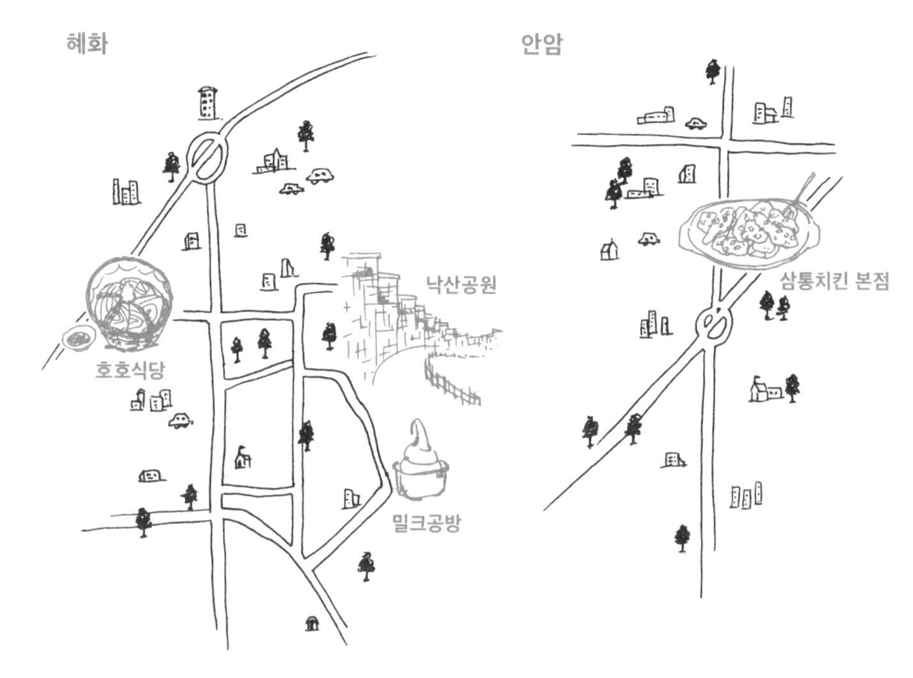

Recommended by 황호영 치믈리에

① 13시 - 호호식당

2016년 11월 오픈한 이래 지금까지 큰 인기를 끌고 있는 일본 가정식 레스토랑이다. 중정이 아름다운 한옥에서 내추럴한 느낌의 가구에 둘러싸여 셰프의 요리를 맛보는 즐거움을 누릴 수 있다. 베스트 메뉴는 매일 새벽에 공수해오는 싱싱한 연어를 두껍게 썰어 올린 '사케동'과 저온 숙성으로 깊은 풍미를 더한 돼지 목살에 간장 베이스 소스를 발라 미디엄으로 구워낸 '돈테키 정식'이다. 6인석 별실 외에는 따로 예약을 받지 않으므로 기다림 없이 호젓한 식사를 즐기고 싶다면 점심시간이 약간 지난 후 방문하자.

주소 서울시 종로구 대학로9길 35
전화번호 02-741-2384
운영시간 11~22시, 브레이크 타임 15~17시

② 16시 - 밀크공방

호호식당에서 15분 정도 걸으면 이화벽화마을에 도착한다. 이화벽화마을에서 70여 명의 아티스트가 참여해 완성한 벽화를 감상한 후 밀크공방에 들러보자. 요리 프로그램 〈마스터셰프 코리아〉 출신인 이창수와 강형구의 프로젝트로 탄생한 밀크공방은 우유를 주제로 한 맛있는 디저트를 선보이는 카페다. 시그너처 메뉴인 '밀크 아이스크림'은 신선한 우유의 맛을 제대로 느끼게 해준다. 카페라테와 카라멜 마키아토, 밀크티 등 밀크공방의 진한 우유가 들어간 메뉴 모두 좋은 반응을 얻고 있다.

주소 서울시 종로구 낙산4길 57
전화번호 02-743-2189
운영시간 10~21시

③ 18시 - 낙산공원

밀크공방에서 '이화동 마을 박물관' 쪽으로 이동하면 성곽이 보이고, 마치 과거로 돌아간 듯한 느낌을 주는 성곽을 따라 천천히 올라가면 낙산공원이 나온다. 낙산공원은 낙산의 정상에 자리하고 있어 '서울의 몽마르트'라고도 불리며, 특히 노을과 야경이 아름답기로 유명하다. 환상적인 풍경과 함께 도심 한복판에서 고즈넉함까지 느껴볼 수 있어 많은 이들이 찾고 있다. 낙산공원에서 조금 더 시간을 보내고 싶다면 공원 안의 조각공원, 배드민턴장, 농구장 등을 이용해보는 것도 좋다. 낙산의 높이가 126m 정도여서 입구까지 가는 데 그리 힘들지 않다.

주소 서울시 종로구 낙산길 41
전화번호 02-743-7985

④ 21시 - 삼통치킨 본점

삼통치킨은 인사동, 종로, 강남역 등 다양한 지역에서 만날 수 있지만, 본점을 추천한다. 안암동에 위치한 삼통치킨 본점은 1981년 고려대 본교와 이공대 사이에 자리 잡은 뒤부터 지금까지 큰 인기를 끌고 있다. 그만큼 맛도 뛰어나며, 35년 넘는 시간의 흔적이 쌓인 옛 분위기가 마음을 푸근하게 한다. 이곳의 베스트 메뉴는 '마늘치킨'이다. 후라이드 치킨 위에 퓌레 스타일의 마늘을 듬뿍 올려 내오지만, 맵기보다는 마늘향이 적당히 입맛을 자극하는 달콤한 맛이다. 육질이 맛있는 7호 닭을 사용해 식감도 좋다. 삼통치킨이 '서울 3대 치킨'으로 불리는 가장 큰 이유가 바로 이 마늘치킨 때문이다.

주소 서울시 성북구 인촌로 92
전화번호 02-927-1331
운영시간 11~24시

낙성대

추천 코스

미드레벨 →

서울대학교 미술관 →

미스터 힐링 →

경원치킨

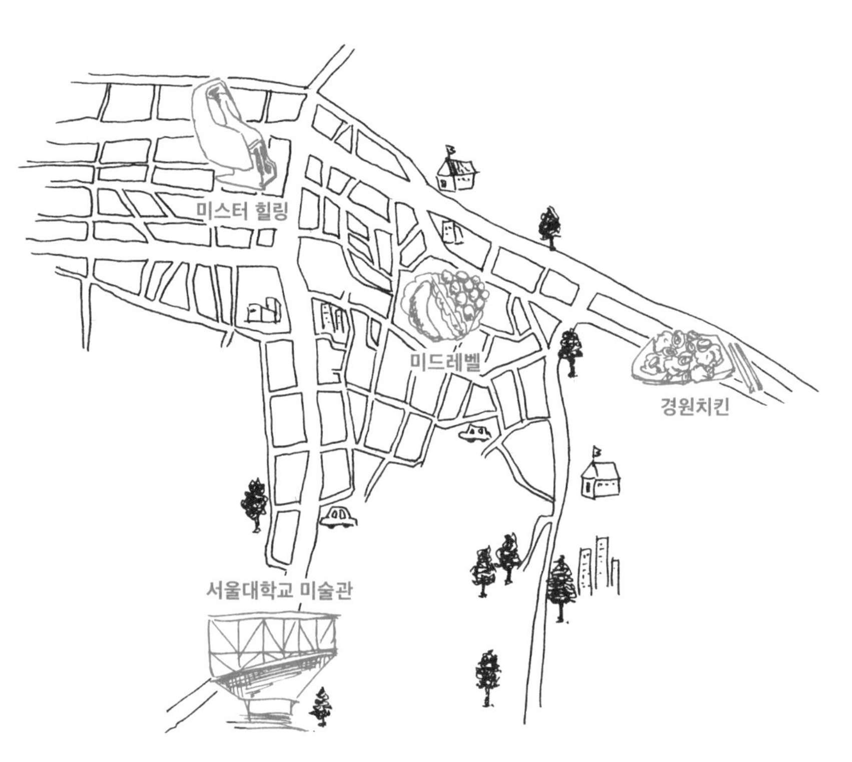

Recommended by 최인애 치믈리에

① 14시 - 미드레벨

홍콩식 디저트가 생각날 때 꼭 들러봐야 할 곳이다. 홍콩 소호 지역의 '미드레벨 에스컬레이터'에서 이름을 딴 디저트 카페다. 홍콩 현지 카페를 옮겨놓은 듯한 외관으로 SNS에서 인기가 높다. 엠보싱 모양의 홍콩식 와플을 다양한 재료와 베리에이션한 디저트와, 밀크티를 비롯한 달콤한 음료를 선보인다. 홍콩의 감성을 그대로 담은 '병 밀크티'도 미드레벨만의 독특한 자랑거리다. 와플과 밀크티를 즐긴 뒤 카페 입구에 마련된 포토존에서 네온사인과 레트로풍 의자를 배경으로 추억의 한 컷을 남기는 것도 잊지 말자.

주소	서울시 관악구 관악로14길 63
전화번호	02-6082-0043
운영시간	12~23시

② 16시 - 서울대학교 미술관

홍콩식 디저트를 즐긴 뒤 서울대학교 캠퍼스를 가로질러 가면 보이는 서울대학교 미술관(MoA)은 독자적 건물을 갖춘 국내 유일의 대학미술관이다. 2005년 개관한 이후 대학과 지역사회를 연결하는 문화매개체 역할을 톡톡히 하고 있는 공간이기도 하다. 마치 공중에 떠 있는 것 같은 본관은 네덜란드 출신의 세계적인 건축가 렘 콜하스(Rem Koolhass)의 작품이다. 미술관을 빠져나와 서울대학교 캠퍼스의 연못 자하연을 둘러본 뒤 교정을 거닐며 산책하는 것도 이곳을 즐기는 또 하나의 방법이다.

주소	서울시 관악구 관악로 1
전화번호	02-880-9504
운영시간	10~18시, 월요일 휴관

③ 18시 - 미스터 힐링

전시회로 마음을 힐링했다면 몸에도 힐링타임을 주어야 하지 않을까? 카페를 이용하면서 프리미엄 보디케어를 받을 수 있는 '미스터 힐링'이 멀지 않은 곳에 있다. 안마의자에 앉아 50분 동안 전신 보디케어를 받을 수 있으며, 신선한 산소도 공급되어 두뇌활동과 혈액순환을 돕는다. 상체집중과 하체집중, 활력 등 다섯 가지 집중 케어를 선택해 받을 수 있는 점도 매력이다. 보디케어가 끝난 뒤에는 시원한 음료가 제공되므로 치느님을 영접하기 전에 50분간의 평화로움을 즐기면 된다. 모든 케어는 개인룸에서 진행되지만 커플룸도 있다.

주소	서울시 관악구 남부순환로 1808
전화번호	02-872-2419
운영시간	11~23시

④ 20시 - 경원치킨

낙성대 코스의 정착지는 바로 경원치킨이다. 전국에서 단 한 곳뿐으로, 동네 주민은 물론 타지에서 배달 서비스로 즐기는 단골도 많다. 간장 양념이 촉촉하게 배어든 '경원 간장 순한맛 치킨'이 대표 메뉴인데, 송송 썬 대파를 수북하게 올려 내는 것이 특징이다. 1차로 튀긴 치킨에 묽은 간장 양념을 듬뿍 뿌려 내지만, 마지막 한 조각을 다 먹을 때까지 눅눅해지지 않고 바삭하다. 곱게 채썬 양배추 샐러드와 치킨무가 정겹다.

주소	서울시 관악구 봉천로 600-1
전화번호	02-876-3303
운영시간	16~01시30분

홍대

추천 코스

대충유원지 →
VR스퀘어 →
자이온보트 →
루프탑바 플로팅

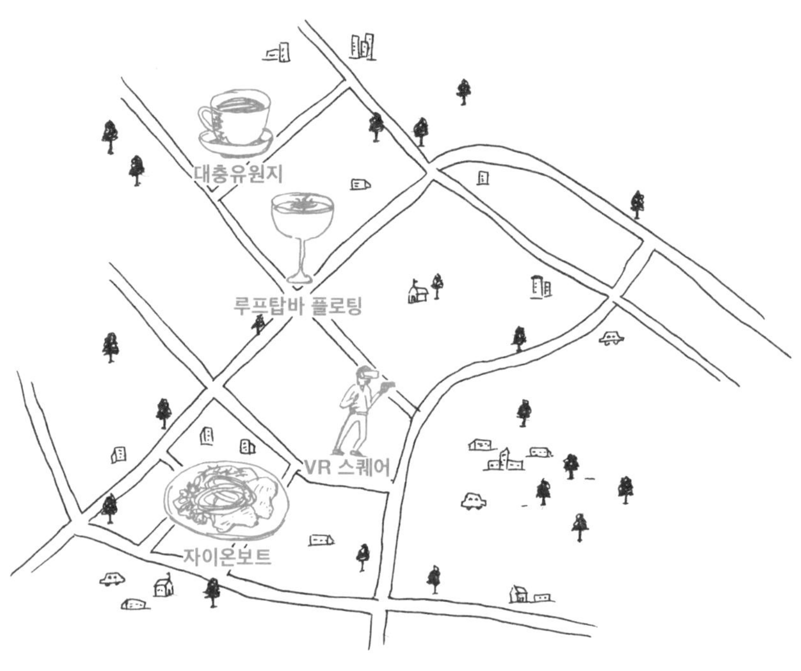

Recommended by 이도윤 치믈리에

① 13시 - 대충유원지

넓지 않은 공간에 바 테이블을 중심으로 차분하고 따뜻한 분위기가 흐르는 연남동의 카페다. 붉은 벽돌로 마감해 간결하지만 느낌 있는 인테리어로 단기간에 큰 인기를 끌었다. 플랫화이트, 필터 커피를 포함한 커피 메뉴와 아보카도 토스트, 퀴노아 샐러드 등 페어 메뉴도 맛볼 수 있다. 이곳에서는 세 가지 원두 중에서 직접 고를 수 있는데, 밝은 산미와 풍부한 향을 가진 '철근', 크림 같은 텍스처와 묵직함이 특징인 '콘크리트', 부드럽고 균형 잡힌 '플라스틱' 등으로 표현이 재미있다. 전체적으로 편안한 분위기에 머물며 쉬기에 부족함이 없다.

주소	서울시 마포구 월드컵북로6길 37
전화번호	070-4799-5640
운영시간	08~22시, 주말 10~22시

② 15시 - VR 스퀘어

국내 최대 규모의 VR 테마파크로, 26종에 달하는 VR 콘텐츠를 4층에 걸쳐 즐길 수 있다. 화이트 존, 그린 존, 블루 존, 레드 존으로 구성되어 있으며, 화이트 존에는 티케팅과 인포메이션, 그린 존에는 레이싱과 번지 점프 등 체험형 VR 콘텐츠를 비치했다. 블루 존에서는 직접 걷고 움직이며 게임할 수 있는 모탈블리츠 워킹어트랙션을, 레드 존에서는 캐주얼한 VR 콘텐츠부터 공포감을 조성하는 '화이트데이' 등 큰 동작이 필요 없는 콘텐츠를 즐길 수 있다.

주소	서울시 마포구 어울마당로 68
전화번호	070-5176-1435
운영시간	11~23시 금요일•토요일 11~01시

③ 18시 - 자이온보트

VR 체험으로 에너지를 소진했다면, 이제 에너지를 충전하러 떠나자. 흥겨운 자메이카 레게 음악과 자메이카식 치킨 요리를 맛볼 수 있는 자이온보트가 바로 그곳이다. 대표 메뉴는 카리브해 지역의 독특한 저크시즈닝으로 맛을 낸 '저크 치킨'인데, 오리지널과 스파이시 그리고 이 두 가지를 한꺼번에 맛볼 수 있는 반반 메뉴가 있다. 저크 치킨을 넣은 버거나 랩 샌드위치도 있어 식사대용으로도 안성맞춤이다. 자메이카의 국민 맥주라 불리는 '레드 스트라이프' 외에 치킨과 함께 마실 수 있는 자메이카 스타일의 음료에 도전해보는 것도 좋다.

주소	서울시 마포구 양화로6길 57-7
전화번호	070-8953-6473
운영시간	17시30분~24시, 일요일 휴무

④ 21시 - 루프탑바 플로팅

레게의 여흥은 L7호텔홍대의 루프탑바 플로팅에서 풀면 된다. 엘리베이터를 타고 22층의 루프탑으로 올라가면 홍대 일대와 한강이 내려다 보이는 바가 나온다. 트렌디하고 힙한 무드에 DJ가 저녁 6시부터 새벽 2시까지 디제잉을 하며 분위기를 띄운다. 세계 각국의 와인과 맥주는 물론 버거와 피자 등 술과 매치하기 좋은 음식까지 즐길 수 있다. L7호텔명동과 L7호텔강남에는 없는 야외 스위밍풀도 화려한 빛을 뽐내며 자유로운 분위기를 더한다. 여름이면 DJ, 뮤지션과 함께하는 풀 파티 등 다채로운 이벤트가 이어진다고 하니 체크해보자.

주소	서울시 마포구 양화로 141 22층
전화번호	02-2289-1037
운영시간	18~01시, 금요일•토요일 18~02시

건대

추천 코스

미분당 →

인디고플레이스 →

일감호 →

해남닭집

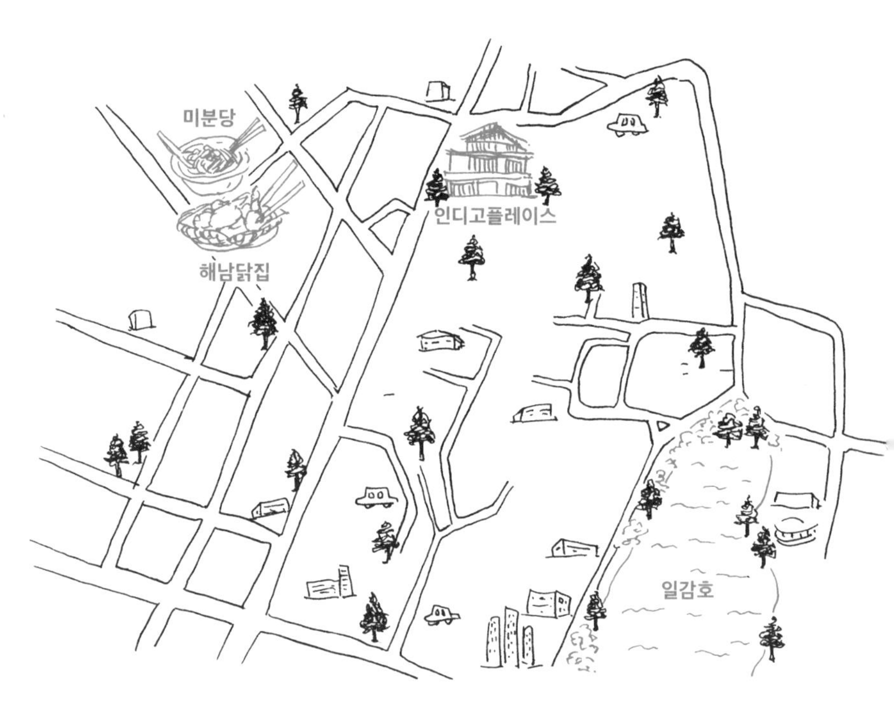

Recommended by 윤종하 치믈리에

① 13시 - 미분당

자판기로 메뉴를 주문하고 바에 앉아 있으면 주문한 쌀국수가 서비스되는 시스템이다. 술집과 호프로 넘쳐나는 건대 인근에서 특히 혼밥족에게 환영받는 공간이다. 필요한 집기와 소스가 완벽하게 구비돼 있고, 맛있게 즐기는 방법도 메모로 친절하게 안내돼 있어 누구의 방해도 받지 않으면서 쌀국수를 맛볼 수 있다. 쫄깃쫄깃한 도가니가 올라간 '힘줄 쌀국수'가 이곳의 인기 메뉴다. 도가니와 면 그리고 진하게 우려낸 국물을 번갈아 먹다 보면 한 그릇이 금세 사라진다. 어떤 국수 메뉴를 시켜도 숙주와 고기는 아낌없이 담아주기 때문에 가격 대비 만족도도 훌륭한 편이다.

주소	서울시 광진구 군자로3길 27
전화번호	070-5103-9794
운영시간	11~21시, 브레이크 타임 15~17시

② 15시 - 인디고플레이스

조용한 단독주택 같은 외관으로 인기 있는 카페다. 커피와 밀크티부터 논알코올 칵테일까지 다양한 음료가 준비되어 있다. 12시부터 15시까지 스콘부터 간단한 토스트, 브런치 메뉴를 선보이며, 18시부터 22시까지는 버거, 플래터 등 다이닝 메뉴가 준비된다. 세종대학교와 건국대학교 사이에 위치해서인지 과제나 프로젝트 작업 중인 학생과 직장인이 많아 밤이 되어도 분위기는 차분한 편이다. 혼자가 아니라면 3층의 탁 트인 테라스 자리를 추천한다. 비정기적으로 플리마켓도 열려 구경거리도 쏠쏠하다.

주소	서울시 광진구 능동로 154
전화번호	02-447-2626
운영시간	11~01시

③ 17시 - 일감호

건국대학교의 자랑이자 인근 주민들이 즐겨 찾는 산책 코스다. 정문인 상허문에서 동쪽으로 3분 거리에 있는데, 한 바퀴가 대략 1km로, 빠른 걸음으로 걸어도 10분가량 소요되는 꽤나 큰 호수다. 호수 가운데에는 작은 섬 와우도가 있으며, 북쪽으로는 아치형 다리인 홍예교가 있다. 이 다리는 학생들 사이에서 '연인과 함께 건너면 곧 헤어진다'는 말이 전해오지만, 반대로 연인이 아닌 남녀가 함께 건너면 커플이 된다고 한다. 운이 좋으면 일감호에서 한가로이 노니는 거위와 오리도 구경할 수 있다. 곳곳에 잘 정돈된 데크와 벤치가 있어 산책하며 쉬어가기에도 좋다.

주소	서울시 광진구 능동로 120
전화번호	02-450-3114

④ 19시 - 해남닭집

건국대학교 예술문화관 쪽으로 나오다 보면 화양시장 끝자락에 위치한 해남닭집을 만날 수 있다. 1996년부터 지금의 자리를 지켜온 이 치킨집은 매일 직송되는 생닭을 튀겨 판다. 기본에 충실하게 만든 얇고 바삭한 튀김옷의 옛날식 후라이드 치킨이 대표 메뉴다. 후라이드 치킨 외에 바삭하게 튀겨낸 닭똥집도 인기 메뉴다. 테이블이 6~7개로 아담한 공간이지만, 건대 학생들과 교수들 사이에서는 이미 맛집으로 정평이 나 있다. 주인장 부부의 친절함도 20여 년 동안 한자리를 지켜올 수 있었던 비결 중 하나다.

주소	서울시 광진구 능동로13길 46
전화번호	02-466-4656
운영시간	13~24시, 일요일 16~23시, 둘째·넷째 주 일요일 휴무

도산공원

추천 코스

도산공원 →
아우어베이커리 →
오페라갤러리 서울 →
효도치킨

Recommended by 이응경 에디터

① 14시 - 도산공원

강남의 빌딩숲 사이에서 자연을 감상하며 힐링할 수 있는 공원이자 독립운동가 도산 안창호 선생의 삶과 정신을 살펴볼 수 있는 역사적 공간이다. 정문을 들어서면 가장 먼저 보이는 '도산안창호기념관'에는 안창호 선생의 유묵과 건국훈장 대한민국장, 대한민국임시정부 사료집, 도산일기, 흥사단에서 활동할 때 작성했던 문서 등이 전시돼 있다. 공원 안쪽에는 안창호 선생의 동상과 묘비도 있다. 공원 정문에서 세로로 길게 나 있는 중앙 산책로와 공원 전체를 한 바퀴 돌 수 있는 산책로가 잘 조성돼 있어 점심식사 후에 산책을 겸해 들르기 좋다.

주소 서울시 강남구 도산대로45길 20

② 16시 - 아우어베이커리

배드파머스와 런드리피자, 무차초, 도산분식 등 유명한 레스토랑을 운영 중인 CNP 푸드의 노승훈 대표와 패션 스타일리스트 서한영이 함께 오픈한 베이커리 카페다. 빵과 커피 모두 맛있기로 소문이 자자해 손님이 끊이지 않는다. 페이즐리 패턴과 식물을 곳곳에 감각적으로 배치한 공간 또한 이곳만의 독특한 매력이다. 추천하고 싶은 빵 메뉴는 내용물뿐 아니라 도우까지 초콜릿으로 된 팽오쇼콜라 '더티 초코'다. 커피는 녹차의 깊은 맛과 진한 에스프레소가 조화로운 '그린티 더블'과 핸드메이드 크림이 에스프레소 위에 올려진 '에스프레소 콘파냐'를 추천한다.

주소 서울시 강남구 도산대로45길 10-11
전화번호 02-545-5556
운영시간 09~21시, 주말·공휴일 10~21시

③ 17시 - 오페라갤러리 서울

세계 50대 미술화상으로 손꼽히는 질 디앙(Gilles Dyan)이 오픈한 오페라갤러리의 서울지점이다. 뉴욕, 마이애미, 런던, 파리, 모나코, 홍콩, 싱가포르 등 13개 도시에 있는 오페라갤러리 중 하나다. 지상 3층과 루프탑을 갖춘 495m²(150평) 규모의 공간에서 19세기 말과 20세기 초의 명작들부터 21세기 현대미술 작품까지 다양한 예술작품을 감상하거나 구입할 수 있다. 매년 2~3차례 대규모 명작전과 매월 소규모 주제전이나 작가전을 개최하니 전시 기간에 맞춰 방문하면 더욱 의미 있는 '미술 여행'을 할 수 있다.

주소 서울시 강남구 언주로154길 18
전화번호 02-3446-0070
운영시간 10~19시

④ 19시 - 효도치킨

오페라갤러리 서울에서 8분 정도 걸으면 도착하는 효도치킨은 개업한 지 얼마 되지 않았지만 색다른 메뉴와 뛰어난 맛으로 인기를 끌고 있다. 시그너처 메뉴인 '효도 꽈리멸치킨'은 간장 소스가 배어든 바삭한 치킨 위에 꽈리고추와 멸치를 듬뿍 올려 나온다. 짭조름한 맛과 알싸하게 매운맛, 고소함의 조화가 뛰어나며, 치밥을 하기에도 좋다. 매운 음식을 잘 못 먹는 사람들에게는 '효도 바삭 치킨'이 좋다. 여기에 적당한 보디감을 가진 맥주 '플루토 블론드 에일'을 함께 즐기면 환상의 치맥을 경험할 수 있다.

주소 서울시 강남구 도산대로46길 21
한진로즈힐아파트 상가 101동 120호
전화번호 02-518-0628
운영시간 18~24시, 일요일·월요일 휴무

인천

추천 코스

신포국제시장 →
인천차이나타운 →
월미테마파크 →
bhc 인천송현점

Recommended by 장한결 치믈리에

① 15시 - 신포국제시장

한국관광공사가 '외국인이 가기 좋은 전통시장'으로 선정한 신포국제시장은 역사와 전통, 문화가 공존하는 인천의 자랑거리다. 제철 농산물과 어패류, 축산물 등을 파는 상점이 늘어선 모습은 여느 재래시장과 비슷해 보이지만, 우리에게 익숙한 전통 먹거리뿐 아니라 이국적인 먹거리로도 가득한 곳이다. 40여 년간 꾸준히 중국식 호떡을 만들어온 신포공갈빵, 연잎씨앗호떡을 파는 신포총각, 신포국제시장의 대표 먹거리로 알려진 신포닭강정 등이 널리 사랑받고 있다. 특히 닭강정은 길게 줄 서야 할 정도로 명물이 되었는데, 닭강정을 만들고 포장하는 분주한 모습만 보아도 오랜 기다림이 지루하지 않다.

주소 인천시 중구 우현로49번길 11-5
전화번호 032-772-5812

② 17시 - 인천차이나타운

신포국제시장에서 도보로 15분 정도 거리에 있다. 1883년 인천항이 개항한 이후 중국인들이 모여 살면서 독특한 문화가 형성된 국내 최대 규모의 차이나타운이다. 인천차이나타운에는 화교중산학교, 해안천주교, 중국식 점포 건축물과 5개의 테마 박물관이 있으며, 특히 공화춘 건물이었던 곳은 짜장면박물관으로 탈바꿈했다. 붉은색과 황금색 그리고 홍등이 늘어서 어느 장소에서 사진을 찍어도 중국 현지 느낌이 물씬 풍긴다. 그러나 인천차이나타운의 화룡점정은 어디까지나 먹거리다. 초입에 위치한 만성복을 시작으로 월병과 만두, 짜장면을 파는 30여 개의 음식점이 줄지어 있다.

주소 인천시 중구 차이나타운로59번길 12
전화번호 032-760-7537

③ 19시 - 월미테마파크

90도 가까이 솟아오르는 2층 바이킹, 짓궂은 DJ가 이슈가 되었던 타가다 디스코 등은 지금의 월미테마파크를 있게 한 놀이기구들이다. 현재는 VR 체험존을 포함해 20여 개의 놀이시설을 갖추고 2500여 평의 어린이 놀이 교육관인 차피패밀리파크까지 개장하면서 남녀노소 즐길 수 있는 테마파크로 거듭났다. 대관람차(문아이)는 인천대교와 인천 앞바다의 야경을 눈에 담을 수 있는 인천의 명물로 많은 사랑을 받고 있다. 인천차이나타운에서 차로 10분 거리에 자리 잡고 있다.

주소 인천시 중구 월미문화로 81
전화번호 032-761-0997
운영시간 10~22시, 주말 10~24시

④ 21시 - bhc 인천송현점

서울의 대표적 치맥 장소가 한강이라면, 인천에는 바닷가가 있다. 비릿한 바다 내음과 갈매기 소리를 오감으로 접하며 즐기는 치맥은 일상에서 느낄 수 없었던 색다른 즐거움을 안겨줄 것이다. bhc 인천송현점에 들러 '해바라기 후라이드 치킨'이나 '뿌링클' 같은 인기 최고의 치킨을 포장한 뒤 가까운 인천항 부근으로 가보자. 물론 치킨의 짝꿍인 생맥주도 함께라면 금상첨화다. 한적한 곳에 자리 잡은 뒤 치킨을 먹다 보면 정박한 선박들의 분주한 모습과 월미테마파크의 불빛을 한눈에 감상하는 낭만까지 덤으로 즐길 수 있다.

주소 인천시 동구 수문통로 58
전화번호 032-766-0071
운영시간 14~23시

속초

추천 코스

봉브레드 →
만석닭강정 시장1호점 →
바우지움 조각미술관 →
글라스하우스

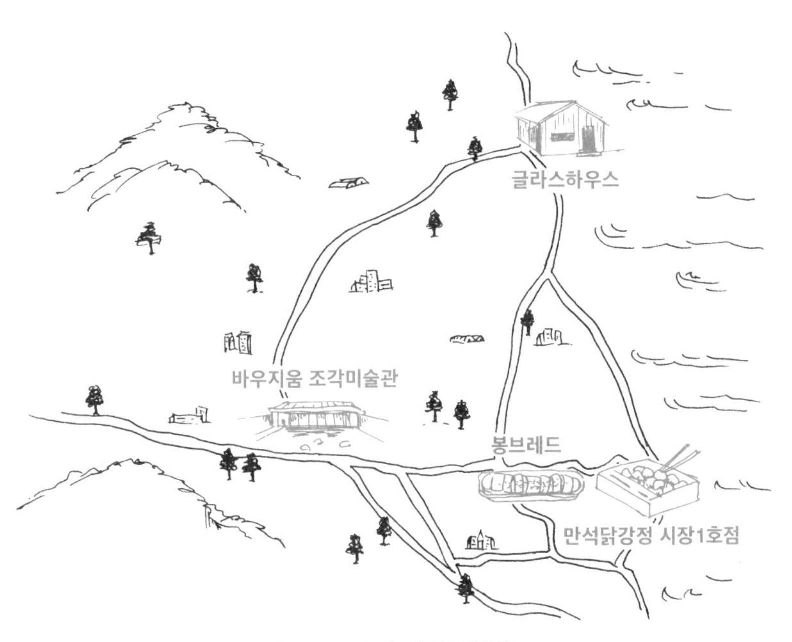

Recommended by 윤종하 치믈리에

① 10시 – 봉브레드

간판에 '마늘 바게트가 맛있는 집'이라고 적어놓을 만큼 마늘 바게트에 대한 자부심이 남다르다. 손님들이 가장 많이 찾기도 하는 달콤한 마늘 바게트는 마늘 소스와 연유, 허브가 어우러져 최상의 맛을 낸다. 식감은 일반적인 마늘 바게트보다 부드럽다. 두 번째로 인기 많은 '연인의 빵'은 빵 속에 블루베리 잼과 생크림을 가득 넣어 맛있기도 하지만, 슈거파우더를 눈처럼 뿌려 탐이 날 만큼 먹음직스럽다. 자연발효 방법으로 만들어 건강에도 좋다. 오전에 들르면 다양한 빵이 가게 안을 가득 채우고 있는 진풍경을 볼 수 있다.

주소 강원도 속초시 동해대로 4344-1
전화번호 033-633-4826
운영시간 08시30분~20시,
토요일 08시30분~19시,
일요일 08시30분~18시, 화요일 휴무

② 11시 – 만석닭강정 시장1호점

1983년 속초관광수산시장에 오픈한 닭강정 전문점이다. 속초의 랜드마크라 해도 손색없을 만큼 오랜 세월 동안 큰 사랑을 받고 있다. 엑스포본점과 시장1호점, 시장2호점 등 3개 지점이 있는데, 오픈 당시 본점이었고 그 주변에 먹거리가 가득한 시장1호점이 여전히 가장 각광받는다. 만석닭강정에는 양념 없이 튀겨내 담백하고 바삭한 '후라이드'와 달콤하면서 살짝 매콤한 '보통맛', 상당히 매콤한 '핫끈한맛' 등 세 가지 메뉴가 있다. 보통맛과 핫끈한맛은 양념소스로 버무려낸 닭강정이지만 가마솥에 튀겨내 일반적인 닭강정보다 바삭하다. 휴가철에는 오래 기다려야 하니 마음의 준비를 하고 가자.

주소 강원도 속초시 중앙로 147번길 16
전화번호 1577-9042
운영시간 09~20시

③ 15시 – 바우지움 조각미술관

만석닭강정 시장1호점에서 차를 타고 15분 정도 달리면 바우지움 조각미술관에 도착한다. 조각가 김명숙이 한국을 대표하는 조각가들을 널리 소개하기 위해 세운 이 미술관은 '근현대조각관', '김명숙조형관', '특별전시관' 등으로 구성되어 있다. 이곳은 작품뿐 아니라 건축물과 야외 정원에도 주목해볼 필요가 있다. 강남역 인근의 벌집 같은 외관으로 유명한 빌딩 '어반하이브'를 설계한 건축가 김인철의 작품으로, 돌과 콘크리트가 절묘한 조화를 이루며 주변의 자연환경과 어우러지도록 설계되었다.

주소 강원도 고성군 토성면 원암온천3길 37
전화번호 033-632-6632
운영시간 10~18시(입장마감 17시30분),
월요일 휴관

④ 18시 – 글라스하우스

서핑을 사랑하는 남자와 인테리어가 직업인 여자가 만나 오픈한 카페다. 파도가 치면서 만들어지는 통(barrel) 속이 유리집 같다고 해서 쓰이는 서핑 용어 '글라스하우스'에서 이름을 따왔다고 한다. 야외 정원을 둘러싼 4채의 건물로 구성돼 있는데, 커피를 주문할 수 있는 메인 건물부터 그 모습이 예사롭지 않다. 테이블 없이 3면의 벽과 중앙에 설치된 긴 벤치가 인상적이며, 천장에는 수많은 틸란드시아가 감각적으로 걸려 있다. 어느 곳을 보아도 환상적인 공간에서 스페셜티 커피, 플랫화이트, 코코넛 라테 등을 마실 수 있다.

주소 강원도 고성군 토성명 천진해변길 43
전화번호 033-637-0406
운영시간 10~20시

순천

추천 코스

바구니 호스텔 →
풍미통닭 →
순천만습지 →
순천아랫장

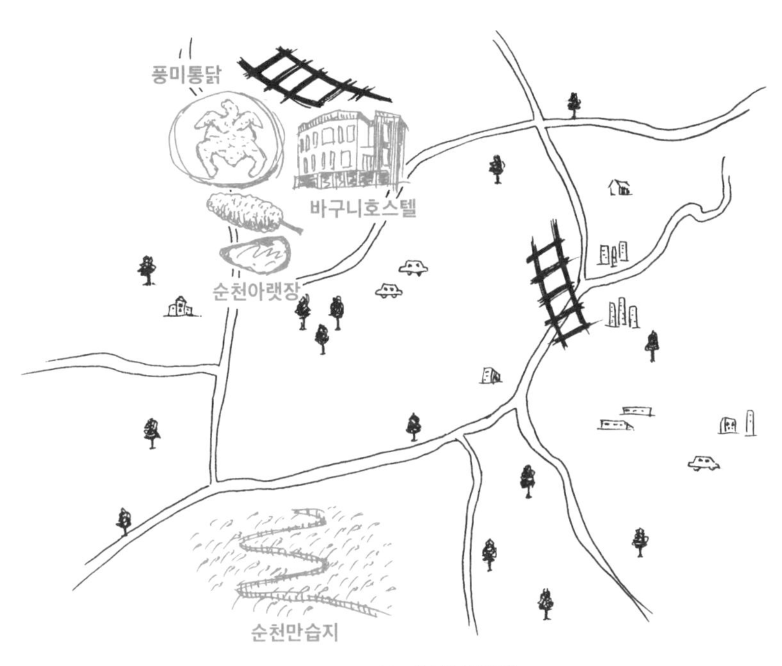

Recommended by 홍수현 치믈리에

① 16시 - 바구니 호스텔

'여행객에게 필요한 모든 것을 담았다'는 뜻을 담고 있는 바구니 호스텔은 디자인 호스텔을 지향하며 '굿디자인 어워드 2017'에서 수상하기도 했다. 도미토리, 2인룸, 패밀리룸 등으로 다양하게 마련된 룸 타입 중에서 골라 편안하게 쉬어갈 수 있다. 체크인할 때 지급되는 코인으로 조식부터 세탁, 자전거 렌트까지 다양한 서비스를 이용할 수 있다는 것도 장점이다. 순천만습지부터 문화의거리까지 접근성이 좋은 편인데, 완만한 평지라 자전거로 이동하는 것도 순천을 오롯이 즐기는 방법이다. 예약은 홈페이지와 대표전화로 가능하다.

주소	전남 순천시 역전2길 4
전화번호	061-745-8925
운영시간	입실 16시, 퇴실 11시

② 17시 - 풍미통닭

바구니 호스텔에서 도보로 10분 거리여서 자전거를 타고 동천을 따라 달리면 금세 도착할 수 있다. 1984년 개업 이후 30여 년간 한자리를 지켜온 순천의 유명 치킨집으로, 최근 TV에 소개돼 전국구 맛집으로 거듭났다. 신선한 육계를 천일염으로 직접 염지하는 원칙을 고수하고 있으며, 매일 달라지는 염지 시간도 매장에 따로 공지할 정도로 사부심이 남다르다. 닭을 통째로 튀겨낸 뒤 다진 마늘을 고루 바른 '마늘통닭'이 대표 메뉴다. 직원이 능숙하게 통닭을 해체해주기 때문에 먹는 방법에 대해서는 크게 걱정하지 않아도 된다. 치킨무와 양배추 샐러드, 배추김치, 마늘 소스가 함께 테이블에 오른다.

주소	전남 순천시 성단뒷길 3
전화번호	061-744-7041
운영시간	11시30분~24시

③ 19시 - 순천만습지

갈대와 갯벌로 이뤄진 800만 평의 순천만습지는 세계 5대 연안습지이기도 하다. 매년 230여 종의 철새가 찾아오고 농게와 칠게, 짱뚱어 등의 갯벌 생물이 다양하게 공존하는 곳이다. 순천만습지는 흑두루미소망터널, 자연소리체험관, 갈대숲 탐방로, 생태연못, 순천만자연생태관으로 이어지는데, 다 둘러보려면 하루 반나절이 걸릴 만큼 규모가 크다. 순천만갈대군락지에서 40분 코스의 산책로를 지나면 순천만습지가 한눈에 내려다 보인다. 낙조 시간에 맞추면 갈대군락지와 갯벌에 비치는 석양이 어우러지는 장관을 감상할 수 있다.

주소	전남 순천시 순천만길 513-25
전화번호	061-749-6052
운영시간	08~19시

④ 21시 - 순천아랫장

순천에서의 하루를 마무리하기에 이보다 완벽한 곳은 없다! 1977년 남부시장으로 개장한 이후 2009년 지금의 순천아랫장으로 이름을 변경했다. 전국 5일장 중 가장 규모가 크며, 제철 농산물과 공산품, 약초 등이 풍성하다. 최근에는 매주 금요일과 토요일에 야시장을 운영하고 있다. 20여 개의 포장마차가 불을 밝히는데, 등갈비바비큐부터 아랫장 도시락, 오꼬노미녹두빈대떡, 닭똥집튀김, 낙지호롱꼬치구이까지 군침 도는 먹거리로 가득하다. 순천만습지의 대표 갯벌 생물인 짱뚱어 모양으로 만든 짱뚱어빵은 여기에서만 맛볼 수 있는 특별 메뉴다.

주소	전남 순천시 장평로 60
전화번호	061-741-3334
운영시간	18~22시, 일요일 휴무

대구

추천 코스

김광석길 →
수성못 →
이월드 →
땅땅치킨 7호광장점

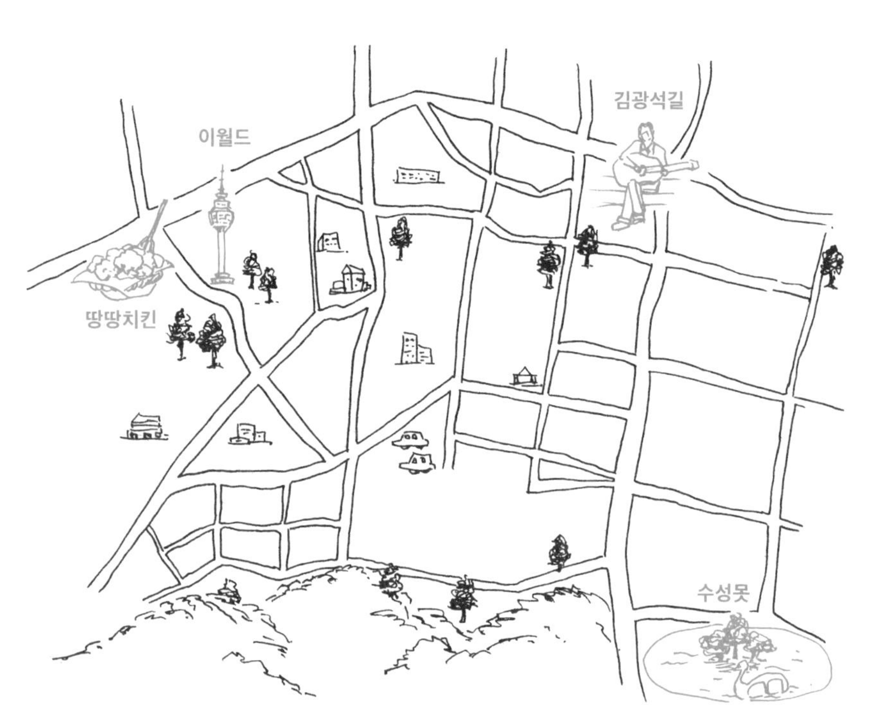

Recommended by 한재원 치믈리에

① 14시 - 김광석길

'2014년 대한민국 베스트 그곳'에 선정되고 '한국관광 100선'에 꼽힌 김광석길은 연인과의 데이트 장소로 손색이 없다. 야트막한 옹벽과 소담스러운 골목길이 500m가량 이어지는데, 그 길을 김광석을 그리워하고 추모하는 11명 작가의 작품으로 채웠다. 곳곳에 설치된 스피커에서는 그의 아름다운 노래가 흘러나온다. 골목길 전체가 공연장이나 다름없는데, 특히 매년 가을이면 김광석 노래 부르기 대회가 열리고 추모 콘서트 등 다양한 야외 공연이 개최된다. 길의 끝에 자리하고 있는 김광석 스토리하우스에서는 생전에 그가 사용했던 수첩을 비롯한 손때 묻은 유품들을 전시하고 있다.

주소 대구시 중구 동덕로8길
전화번호 053-661-3328

② 16시 - 수성못

김광석길에서 자동차로 5분 거리에 위치한 대구의 랜드마크다. 둘레만 해도 2km가 넘는 수성못은 대구 시민이 사랑하는 안식처다. 산책로를 따라 쉬엄쉬엄 걷다가 수성못 안의 유일한 레스토랑 겸 카페 '호반'에 들러 커피 한 잔 즐기는 여유도 빼놓을 수 없다. 낮에는 평화로우면서도 활기가 넘치는 반면, 밤에는 잔잔한 호수에 비친 대구 시내의 불빛이 호젓한 아름다움을 느끼게 한다.

주소 대구시 수성구 두산동 512
전화번호 053-666-2863

③ 18시 - 이월드

수성못에서 호젓한 시간을 보냈다면 다음에는 대구 최대의 테마파크 이월드에서 짜릿한 스릴을 즐겨보자. 이월드에서 20여 년 만에 선보인 '메가스윙360'이 그 주인공이다. 국내 최초로 360도 스윙하는 놀이기구로, 특히 정점에 도달해 3~4초간 멈출 때 어디에서도 맛보기 힘든 짜릿함을 경험할 수 있다. '세상에서 가장 무서운 놀이기구'로 소문나 주말에는 평균 1시간을 기다려야 할 만큼 인기가 높다. 다음으로 추천하는 놀이기구는 360도 회전하는 비행기에서 착안한 '에어레이스'로, 마치 곡예비행을 하는 듯한 착각을 일으켜 스릴을 즐기는 젊은 층에게 사랑받고 있다.

주소 대구시 달서구 두류공원로 200
전화번호 053-620-0001
운영시간 10~22시

④ 21시 - 땅땅치킨 7호광장점

신나게 스릴을 즐기고 허기가 밀려오면 대구의 명물 땅땅치킨 7호광장점을 찾자. 두류공원 근처에 있는 이 치킨집은 '세트3번' 메뉴가 특히 인기 있다. 향긋한 허브향이 감도는 간장치킨과 로스팅을 거쳐 기름기를 뺀 땅땅불갈비로 구성된 이 메뉴는 달콤함과 짭조름한 맛의 조화가 훌륭하다. 동봉된 불닭 소스와 머스터드 소스는 개인 취향에 맞게 즐기면 된다. 이곳에서는 독특하게 치킨에 쌈무를 싸먹는데, 치킨무와는 전혀 다른 식감과 맛을 느낄 수 있다. 공원 주변의 편의점에서 즉석밥을 사와 치밥으로 즐겨도 꿀맛이다.

주소 대구시 달서구 야외음악당로39길 55
전화번호 050-7957-9331
운영시간 10~23시

대전

추천 코스

팜스치킨뷔페 →
중앙시장 →
이응노미술관 →
교원파닭

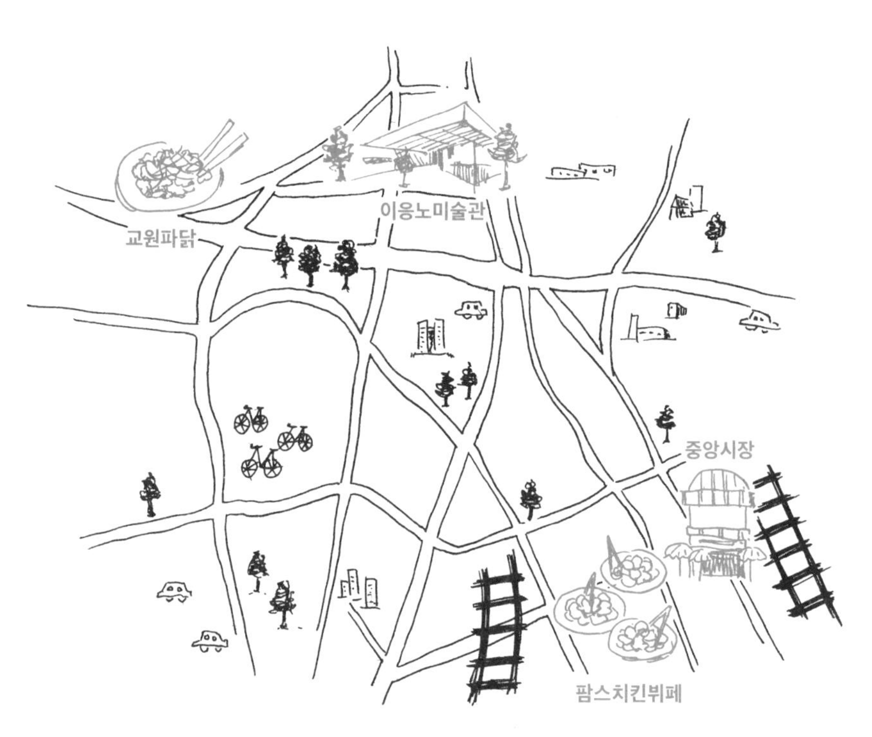

Recommended by 한재원 치믈리에

① 12시 - 팜스치킨뷔페

고기 뷔페의 치킨 버전! 1인당 5900원으로 치킨을 무제한 즐길 수 있는 곳이다. 후라이드와 불고기, 레몬, 마늘, 매운 간장 등 8가지 치킨이 준비돼 있다. 국내산 생닭을 사용해 미리 튀겨내지 않고 치킨이 소진되면 그때그때 조리하는 방식으로 뷔페 이상의 퀄리티를 유지하기 위해 노력하고 있다. 치킨 외에 상추와 무생채를 넣고 간단하게 비벼먹을 수 있는 보리밥도 별미다. 치킨이 조금 느끼해지고 물릴 즈음 보리비빔밥 한 숟가락이면 입안이 개운해진다. 맥주를 제외한 음료수, 치킨무, 양배추 샐러드도 무제한 제공된다.

주소 대전시 중구 중앙로164길 39
전화번호 042-628-6612
운영시간 12~24시

② 14시 - 중앙시장

뷔페에서 마음껏 치킨을 즐긴 뒤 천천히 걸음을 옮겨 120년의 역사를 자랑하는 대전 중앙시장으로 향해보자. 과거와 현대가 공존하는 중앙시장은 소문난 먹거리도 풍성하지만, 시장 곳곳의 수입 구제숍을 구경하는 재미가 쏠쏠해 패션에 관심이 많고 빈티지 스타일을 좋아하는 이들이 자주 찾는다. 이곳에 들어서면 마치 이태원에 와 있는 듯한 착각마저 드는데, 두터운 외투를 여러 벌 구입해도 3만 원이 넘지 않을 정도로 가격도 저렴하다. 구제숍들은 대전역 근처, 한의약거리로 가기 전에 밀집해 있다.

주소 대전시 동구 대전로 783
전화번호 042-226-0319

③ 16시 - 이응노미술관

충남이 배출한 한국 현대미술의 거장 고암 이응노 화가의 예술세계와 정신을 기리기 위해 2007년 개관했다. 대전역에서 금강으로 흘러드는 갑천 주변의 한적한 공간에 자리 잡고 있다. 제4전시실까지 갖추고 있는데, 이응노 화가의 대표작은 제2전시실에서 감상할 수 있다. 휴식을 취하고 싶으면 카페테리아 '카페 프레 생제르베'에 들러 여유를 갖는 것도 좋다. 고암 선생의 마지막 작업실이 있던 프랑스의 도시 프레 생제르베에서 이름을 따온 이 카페에서는 커피와 함께 즐길 수 있는 마카롱이 인기 있다.

주소 대전시 서구 둔산대로 157
전화번호 042-611-9800
운영시간 10~18시, 수요일 10~21시, 월요일 휴관

④ 18시 - 교원파닭

대전의 코스는 치킨으로 시작해 치킨으로 끝난다. 종착지는 대전의 자랑인 교원파닭. 튀김옷을 입히지 않고 튀겨내 담백한 '교원파닭'은 특히 여성들에게 인기가 많다. 갓 튀겨낸 치킨에 얇게 채썬 대파를 수북이 올려 내는데, 먼저 호일로 감싸 남은 열로 파채의 숨이 죽도록 한다. 숨이 죽은 파채를 치킨에 돌돌 말아 특제 소스에 찍어 먹다 보면 접시가 금세 바닥을 드러낸다. 파채와 튀긴 떡사리는 언제든 리필 가능하다. 교원파닭 외에도 '후라이드파닭', '마늘간장파닭', '양념파닭', '닭강정', '크림양파닭' 등이 있어 취향에 따라 즐길 수 있다.

주소 대전시 유성구 대학로151번길 7
전화번호 042-822-8871
운영시간 16시30분~04시

제주도 서귀포

추천 코스

서귀포매일올레시장 →
감귤박물관 →
이중섭미술관 →
한라통닭

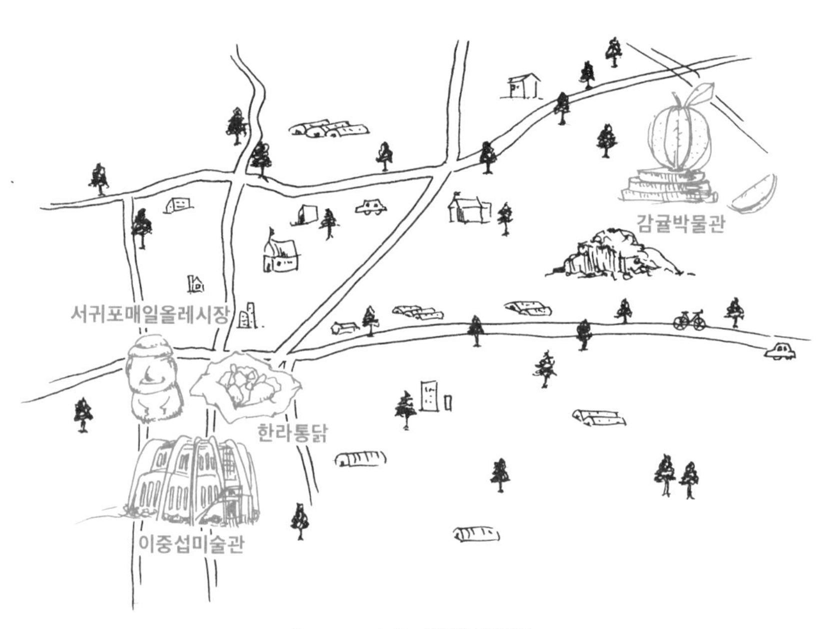

Recommended by 황채림 치믈리에

① 12시 - 서귀포매일올레시장

서귀포에서 가장 크고 오래된 재래시장이다. 2001년 지금의 아케이드 상가 형태로 재정비했으며 서귀포의 특산품과 먹거리, 기념품 등을 다양하게 갖추고 있다. 천혜향과 한라봉으로 만든 신선한 착즙주스와 오메기떡, 빙떡 등 제주 먹거리가 가득하다. 시장 통로의 중앙에 수로와 벤치를 조성해 차분하게 앉아 시장 먹거리를 맛볼 수 있는 점도 사람들이 입 모아 칭찬하는 부분이다. 곳곳에 설치한 이중섭 작가의 작품은 제주의 정취를 한껏 느끼게 한다. 시장 안에 몸국과 고기국수, 갈치조림 등을 파는 식당이 즐비하니 취향에 따라 메뉴만 선택하면 된다.

주소	제주도 서귀포시 중앙로62번길 18
전화번호	064-762-1949
운영시간	07~21시, 동절기 07~20시

② 14시 - 감귤박물관

서귀포매일올레시장에서 차로 15분 거리에 있는 감귤박물관에는 제주 감귤의 모든 것이 있다. 메인 전시실은 테마전시실로, 다양한 전시품과 영상을 통해 감귤의 역사와 종류부터 재배방법, 세계 각지의 감귤까지 두루 살펴볼 수 있다. 전시와 홍보에 그치지 않고 제주감귤따기 체험, 감귤길걷기 체험 등 체험형 프로그램도 선보여 가족 단위 방문객의 많은 호응을 얻고 있다. 제주 감귤로 머핀과 쿠키를 만드는 제주감귤먹거리 체험은 사전에 신청해야 이용할 수 있으니 참고할 것. 감귤초콜릿부터 감귤차, 감귤로션, 감귤향수 등 다양한 상품을 파는 기념품 가게도 마련돼 있다.

주소	제주도 서귀포시 효돈순환로 441
전화번호	064-767-3010
운영시간	09~18시

③ 16시 - 이중섭미술관

감귤박물관에서 다시 서귀포시로 돌아오면 제주를 사랑하고, 제주가 사랑한 작가 이중섭의 미술관을 만날 수 있다. 서귀포에 11개월간 머물며 그림에 대한 열정을 불태웠던 그를 기리기 위해 서귀동 512번지 350m가량을 '이중섭거리'로 이름 붙이고 문화의 길로 조성했는데, 그 길 끝에 자리 잡고 있다. 많은 이의 발길이 멈추는 곳은 이중섭이 일본인 아내에게 쓴 절절한 내용의 손편지다. 미술관 입구에는 이중섭이 실제로 거주했던 장소를 그대로 보존하고 있는데, 2평 남짓의 비좁은 단칸방이 녹록지 않았던 그의 삶을 보여준다.

주소	제주도 서귀포시 이중섭로 27-3
전화번호	064-760-3567
운영시간	09~18시, 월요일 휴관

④ 18시 - 한라통닭

이중섭미술관과 이중섭거리를 둘러본 후 다시 서귀포매일올레시장으로 돌아와 제주의 명물을 맛보는 것은 어떨까. 제멋대로 튀긴 듯한 치킨에 큼지막하게 다진 마늘을 토핑으로 올려 내는 치킨집 '한라통닭'을 찾아가면 먼저 길게 늘어선 줄과 마주치게 된다. 그 대열에 합류해 있노라면 튀김옷에 넣은 카레 가루의 향과 알싸한 마늘향이 코끝을 자극한다. 제주에서 공급되는 닭만 사용한다고 하니 더욱 믿음이 간다. 메뉴는 '마늘통닭' 단 한 가지. 함께 나오는 튀긴 떡과 감자도 별미인데, 식어도 굳지 않는다. 성인 세 명이 먹어도 충분하다.

주소	제주도 서귀포시 중정로73번길 13
전화번호	064-762-4449
운영시간	08시30분~21시, 둘째 주 수요일 휴무

4

치킨을 만나다

이 치킨에
이 음료

라거가 어울리는 치킨이 있고, 탄산수가 어울리는 치킨이 있다

당신은 '치맥파'인가, '치콜파'인가? 혹시 치킨에는 소주가 진리라는 '치소파'? 한두 가지 음료로 커버하기에는 치킨 브랜드와 메뉴가 너무 많다. 어떤 치킨에는 톡 쏘는 콜라가 어울리고, 어떤 치킨에는 '캬' 소리가 절로 나는 맥주가 딱이다. 그런가 하면 와인이 제격인 치킨도 있다.

자타공인의 치덕과 전문가들이 꼽는 치킨과 음료의 환상궁합을 알아보자.

치킨 & 맥주

Recommended by
조재기 셰프

미국의 요리학교 CIA 졸업, 미국의 맥주전문가 자격증 '시서론' 보유, OTD코퍼레이션 상품개발팀 과장.

교촌치킨의 '교촌오리지널' &
하이트진로의 '하이트 엑스트라 콜드'

간장의 짭조름한 맛과 단맛이 조화로운 교촌오리지널은 복잡하지 않은 맛의 하이트 엑스트라 콜드와 함께 즐기는 것이 좋다. 하이트 엑스트라 콜드에서 느낄 수 있는 은은한 홉과 허브의 향, 쌉쌀한 맛은 치킨에 감칠맛을 더하고, 몰트의 단맛은 간장의 짠맛과 튀김의 느끼한 맛을 살짝 덜어줄 것이다.

김종용 누룽지통닭의 '누룽지통닭' & 에스트렐라 담의 '에스트렐라 담 바르셀로나'

스페인의 국민 맥주이자 지중해 맥주라고도 알려진 라거 맥주, 에스트렐라 담 바르셀로나를 추천한다. 에스트렐라 담이 지닌 쌀과 보리의 풍미와 적당한 단맛이 누룽지통닭의 찹쌀과 누룽지맛을 한층 극대화하는 한편 느끼함을 중화시켜준다.

삼통치킨의 '마늘치킨' & 더부스의 '긍정신 레드에일'

꿀맛 나는 마늘이 퓌레 형태로 뿌려져 나오는 마늘치킨과 긍정신 레드에일의 조합은 깔끔 그 자체다. 맥주가 지닌 캐러멜류의 달큰한 맛과 견과류의 고소한 맛이 치킨의 전체적인 맛과 어울릴 뿐 아니라 마늘맛은 중화시켜주고 느끼함은 확실히 잡아준다.

네네치킨의 '스노윙치킨(치즈)' & 서울 집시의 '정글주'

치즈의 느끼한 맛과 고소한 맛, 단맛이 조화롭게 어우러진 스노윙치킨(치즈)은 신맛이 감도는 사워 맥주인 정글주와 매치하면 좋다. 치킨을 먹기 전에 정글주로 목을 축이면 입맛도 돌고, 치킨 먹는 중간중간에 마시면 상쾌함을 느낄 수 있다.

굽네치킨의 '굽네 볼케이노' & 세븐브로이의 '강서마일드에일'

매콤한 맛의 굽네 볼케이노에 '청와대 만찬주'로 화제를 모은 강서마일드에일을 곁들여보길 바란다. 강서마일드에일은 영국의 마일드에일 스타일로, 특히 몰트의 단맛이 뛰어나 매콤한 맛을 기분 좋게 잠재울 수 있다. 아울러 맥주에 감도는 향긋한 과일향이 굽네 볼케이노와 참 잘 어울린다.

치킨 & 전통주

Recommended by
김봉수 셰프

전 '한국술집 21세기 서울'의 헤드 셰프, 레스토랑 '도마'의 헤드 셰프.

구운 치킨 &
최행숙전통주가의 '아황주'

진한 곡물의 향과 은은한 옥수수향이 코끝에 감도는 아황주는 담백한 치킨과 잘 어울린다. 오븐에 구워 기름기가 쫙 빠진 담백한 치킨과 가장 잘 맞으며, 옛날 통닭과도 훌륭한 조화를 이룬다.

간장치킨 &
녹천주조장의 '녹천한산소곡주'

간장치킨에 들어가는 간장 소스의 발효향과 쌀을 발효시켜 만든 한산소곡주의 발효향이 잘 어울린다. 간장치킨과 한산소곡주 모두 달콤하기 때문에 서로의 맛을 배가시킨다.

파닭 &
태인주조장의 '송명섭이 직접 빚은 생 막걸리'

단맛이 거의 없는 송명섭 막걸리는 파닭과 매칭하기 좋다. 파 특유의 알싸하게 매운맛을 중화시켜주기 때문이다. 첨가제가 들어가지 않은 송명섭 막걸리는 입안을 개운하게 해주는 역할도 톡톡히 한다.

양념치킨 &
곰세마리양조장의 '어린꿀술'

양념치킨과 차갑게 칠링한 곰세마리양조장의 어린꿀술을 함께 즐겨보기 바란다. 어린꿀술은 양념치킨의 다양한 풍미 가운데 특히 단맛을 잘 살려준다. 견과류가 섞인 양념치킨에도 잘 어울린다.

호식이두마리치킨의 '불짬뽕치킨' &
하이트진로의 '일품진로'

칼칼한 맛이 매력적인 불짬뽕치킨에는 역시 소주가 잘 어울리는데, 특히 목 넘김이 부드럽고 끝맛이 훌륭한 일품진로가 좋다.

치킨 & 소프트 드링크

Recommended by
강현규 소믈리에

레스토랑
'쿠촐로 테라짜'의
소믈리에.

한남동 한방통닭의 '한방통닭' &
브루스 코스트 진저 에일 패션프루트

한방향이 그득한 한방통닭에는 은은한 생강향이 느껴지는 브루스 코스트 진저 에일 패션프루트가 잘 어울린다. 이 진저 에일은 유기농 식재료로 만들고 따로 필터링 과정을 거치지 않아 침전물이 있지만 밸런스가 참 좋다.

후라이드 치킨 &
산펠레그리노 리모나타

산펠레그리노 리모나타는 어떤 브랜드의 후라이드 치킨과도 매칭하기 좋다. 천연 탄산수에 시칠리아산 레몬 원액이 들어 있어 탄산도 적당하고 아주 상큼해서 후라이드 치킨의 느끼한 맛을 잡아주는 데 탁월하다.

간장치킨 &
코카콜라

간장 소스 베이스의 치킨에는 역시 코카콜라다.
코카콜라의 톡 쏘는 탄산과 달달한 맛이 간장 소스와 잘 어울린다. 라임 한 조각을 넣으면 콜라의 맛도 한층 풍부해지고, 간장치킨과 더욱 좋은 매칭을 보여준다.

네네치킨의 '오리엔탈파닭' &
칠성스트롱 사이다

칠성스트롱 사이다는 겨자 드레싱과 함께 배달되는 오리엔탈 파닭과 궁합이 좋다. 사이다의 단맛이 파의 매운맛과 겨자의 톡 쏘는 맛을 중화시켜준다. 또한 사이다의 은은한 레몬라임향은 파와 묘하게 잘 어울러진다. 오리엔탈파닭에는 전반적으로 강한 탄산이 어울린다.

푸드스타일리스트 | 김보선(스튜디오 로쏘)　　촬영 협찬 | 대동여주도(blog.naver.com/prnprn)

치킨에 의한
치킨을 위한

단 하나의 맥주
치믈리에일

! 치킨의 느끼함을 잡아주는
상쾌한 탄산감.

! 어떤 종류의 치킨과도
두루 화합하는
감귤류의 상큼한 향.

! 치킨의 맛을 배가하며
기분 좋게 입맛 당기게 하는
쌉싸래함.

! 치킨의 감칠맛을 더해주는
에일 특유의 몰티함.

치믈리에일
PALE ALE
THEBOOTH BREWING × 배달의민족

치킨이
파인 다이닝을
만났을 때

치슐랭 가이드가 추천하는 파인 다이닝 치킨 요리

치킨을 시켜먹고, 재활용해 먹고, 찾아가서 먹고, 음료를 바꿔가며 먹었다면, 이제는 궁극의 치킨 변주를 시도해보자. 어디에도 팔지 않는, 오직 내 주방에서만 완성되는 나만의 치킨 레시피를 만들어보는 것은 어떨까? 쉽고 간편하게 즐길 수 있는 치킨은 시중에 많으니, 기왕이면 고급 레스토랑에 내놓아도 손색없을 멋들어진 요리로 업그레이드해보자. 레스토랑 '오스테리아 오르조'의 김호윤 셰프가 치킨을 활용한 파인 다이닝 요리 세 가지를 완성했다. 어디에서도 볼 수 없었던 치킨의 놀라운 변신에 주목해보자.

순살 트러플 후라이드 치킨

3대 진미 중 하나인 트러플과 버섯을 이용한
고급형 순살 후라이드 치킨

재료 닭다릿살 500g, 양송이 100g, 적양파 1/4개, 트러플 페이스트 3큰술, 트러플 오일 약간, 소금·후추 약간

튀김 반죽 재료 쌀가루 100g, 밀가루 150g, 맥주 300ml, 보드카 50ml

만들기

1. 닭다릿살은 트러플 페이스트에 버무려 냉장실에 30분 정도 재어두었다가 소금, 후추로 간을 한다.
2. 적양파는 링 모양으로 썰어 얼음물에 담가 매운맛을 뺀다. 양송이는 먹기 좋은 크기로 썬다.
3. 볼에 튀김 반죽 재료를 넣고 섞은 후 1을 넣고 버무려 튀긴다. 양송이도 색이 나도록 튀긴다.
4. 튀긴 치킨과 양송이에 약간의 트러플 오일과 소금, 후추를 넣어 버무린다.
5. 물기를 뺀 아삭한 적양파를 올려 완성한다.

로메인을 곁들인 닭다릿살 스테이크

겉은 바삭하고 속은 촉촉한 육질과 아삭한 식감의
로메인을 함께 즐기는 닭다릿살 스테이크

재료	국내산 냉장육의 장각(닭다리의 윗부분까지 포함한 부위) 1조각, 로메인 1/2통, 당근 1/5개, 양파 1/8개, 올리브유 약간
소스 재료	닭육수 40ml, 레드와인 20ml, 버터 약간
감자 퓌레 재료	감자 1/2개, 생크림 100ml, 버터 20g, 올리브유 · 타임(허브) · 버터 · 소금 · 후추 약간
시저 드레싱	양파 10g, 마요네즈 50g, 홀그레인 머스터드 4g, 엔초비 4g, 레몬즙 2g, 파르메산 치즈 10g

만들기

1 장각에서 살만 발라내 소금으로 간한다.

2 당근과 양파는 먹기 좋은 크기로 썰고, 감자는 껍질을 벗겨 생크림과 버터를 넣고 푹 익힌다. 시저 드레싱 재료는 섞어둔다.

3 팬에 오일을 두르고 열이 오르면 1을 넣고 껍질이 바삭해질 때까지 익힌다. 당근과 양파, 타임을 넣고 자주 뒤집어가며 익힌다.

4 감자는 핸드블렌더를 이용해 갈아 퓌레로 만든다. 닭고기 껍질에 색이 나고 완전히 바삭해지면 뒤집은 뒤 버터를 넣고 약불로 천천히 익힌다. 1~2분 후 불을 끄고 잔열로 익힌다.

5 따뜻한 접시에 감자 퓌레를 담고 구운 닭과 당근, 양파, 로메인을 올린다. 로메인 위에 시저 드레싱을 바르고, 1/3로 졸아들 때까지 끓인 소스를 뿌려 완성한다.

허브를 채운 그린커리 양념치킨

안심과 가슴살, 다릿살로 닭다리 모양을 만들고
태국식 그린커리를 곁들인 양념치킨

재료	국내산 냉장육 1/2마리, 적겨자잎 10g, 전분, 고수잎 · 고수꽃 · 버터 · 마늘 · 타임 · 올리브유 · 소금 · 후추 약간
그린커리 양념	올리브유 1큰술, 그린커리 페이스트 2큰술, 코코넛밀크 100ml, 생크림 50ml, 황설탕 약간

만들기

1. 닭다리뼈 끝부분을 제외한 모든 뼈를 제거한다. 이때 껍질과 살은 모양대로 잘 살려둔다. 겨자잎과 고수잎은 먹기 좋은 크기로 손질한다.
2. 닭살에 소금과 후추로 간하고 안심과 가슴살, 다릿살 쪽에 전분을 뿌려 긴 닭다리 모양이 되도록 뭉친다.
3. 2에 타임을 골고루 뿌리고 1의 껍질로 말아준다. 껍질과 껍질이 겹치는 부분에는 따로 전분을 뿌린 뒤 랩으로 감싸 냉장실에 30분 이상 둔다.
4. 오일을 두른 팬에 그린커리 페이스트를 넣고 향이 오르도록 볶다가 코코넛밀크와 생크림, 황설탕을 넣고 끓여 그린커리 양념을 만든다.
5. 새로운 팬에 오일을 두른 뒤 껍질이 노릇해질 때까지 3을 넣고 익힌다.
6. 접시에 닭고기와 그린커리 양념을 담고 겨자잎과 고수잎, 고수꽃을 곁들여 완성한다.

요리 | 김호윤 셰프

디저트

치믈리에들의 치킨 수다

치킨만이 줄 수 있는 웃음이 있다

전국 각지에서 '치킨 좀 뜯었다'는 이들 500명이 도전한 배민 치믈리에 자격시험. 이들 중 '치믈리에'로 거듭난 이는 119명이었다. 생각보다 까다로웠던 필기시험과 그 이상으로 헷갈렸던 실기시험을 모두 통과한 명실상부 치덕들이다.
하고많은 음식 중에 이들은 왜 유독 치킨에 꽂혔던 걸까? 치킨은 우리에게 어떤 의미이며, 어떻게 먹으면 더 맛있는지, 치믈리에들의 이야기를 들어보자.
그들이 아껴둔 치킨 맛집 정보와 치믈리에 합격 팁도 소개되니 안 보면 손해!

김동현 치믈리에

휴대폰 카메라 개발팀에서 일하는 36세의 엔지니어다.
원래부터 치킨을 즐겨 먹었지만, 치킨이라는 영역에서 자신보다 한 수 위인 아내를 만나 여러 치킨집을 함께 섭렵하면서 진정한 치킨덕후가 되었다. 자랑스런 부부 치믈리에다.

1 치킨은 얼마나 자주 먹는가?
요즘은 10일에 한 번 정도 먹는다. 자제하고 있다.

2 '치킨' 하면 가장 먼저 떠오르는 세 가지는?
맛있다, 바삭바삭, 치콜.

3 스스로의 치킨 취향이 어떻다고 생각하는가?
순살보다는 뼈닭을 좋아하고, 간장치킨, 후라이드 치킨, 양념치킨 순으로 선호한다. 후라이드 치킨은 튀김옷이 과하지 않으면서 매콤한 맛이 느껴지는 게 좋다.

4 치킨이 가장 많이 생각나는 순간은?
주로 금요일 저녁이나 토요일 저녁. '내일 논다!'는 기쁨을 치킨과 함께 누리고 싶기 때문이다.

5 치킨 메뉴 중 베스트 3는?
1위는 bhc의 '맛초킹'이다. 간장의 짭조름한 맛과 매운 고추맛의 조화가 최고다. 2위는 식어도 맛있고, 매콤달콤한 맛이 중독성을 일으키는 만석닭강정의 '핫끈한맛'이다. 3위는 교촌치킨의 '교촌콤보'다. 먹다 보면 순식간에 박스를 비울 만큼 맛있는 간장맛 치킨의 표본이다.

6 치킨은 어떻게 먹어야 제맛인가?
재미있는 드라마를 보면서 먹어야 한다. 양배추나 양상추를 넣은 샐러드를 함께 먹으면 치킨의 느끼함을 없앨 수 있어 더 좋다.

7 가장 최근에 먹었던 치킨과 그 맛은?
주말에 아내와 안양 시내에서 시간을 보내다 고소한 치킨 냄새에 이끌려 노랑통닭의 '엄청 큰 후라이드치킨'을 사가지고 와서 먹었다. 양도 많고, 무엇보다 고소한 카레향이 매력적이었다.

8 치킨과 함께한 잊지 못할 추억이 있다면?
치킨을 나만큼이나 좋아하는 아내가 연애 시절에 "'닭다빌'을 주는 사람과 결혼하겠다"고 한 적이 있었다. 그걸 기억해두었다가 닭다리만 있는 치킨을 몇 종류 주문해 직접 닭다발을 만들어 프러포즈했다. 결과는 물론 대성공이었다.

9 치킨과 관련한 아이디어가 있다면?
시장 통닭집에서는 닭과 함께 닭똥집을 파는 경우가 많다. 고소하고 씹는 맛이 일품인 닭똥집 때문에 가끔 시장에 간다. 닭똥집 메뉴가 사이드로 있는 브랜드 치킨이 많아졌으면 좋겠다.

10 자신에게 치킨이란?
아내와 나를 이어준 선물이다.

김미림 치믈리에

치믈리에 자격시험에 합격해 스스로 감탄한 22세의 대학생이다.
수업을 마친 뒤 맥주와 치킨을 먹을 때가 가장 행복하다.
퍽퍽살보다 부드러운 살이 취향. 물론 겉은 바삭해야 한다.

1 치킨은 얼마나 자주 먹는가?
일주일에 한 번 정도 먹는다.

2 자신의 치킨 취향은?
양념치킨보다 후라이드 치킨이 좋고,
순살보다 뼈닭이 좋다.

3 치킨의 매력은?
남녀노소 누구나 좋아한다는 점이다.
또한 부위마다 다른 맛과 식감을 지니고 있기 때문에 닭 한 마리로 다양한 맛을 골고루 즐길 수 있으며, 소나 돼지를 부위별로 먹는 것보다 가격도 훨씬 저렴하다.

4 가장 최근에 먹었던 치킨과 그 맛은?
굽네치킨의 '굽네 갈비천왕'을 닭다리로만 시켜먹었다. 육질이 매우 부드러웠고, 갈비맛이라 그런지 밥과 정말 잘 어울렸다. 한마디로 꿀맛이었다.

5 치킨과 함께한 잊지 못할 추억이 있다면?
한창 다이어트를 할 때 친구가 치킨을 먹자고 계속 유혹했다. 잘 참아내다가 친구가 내 손에 닭다리를 쥐어주자 그만 무너져버렸다. 내 생애 가장 맛있는 닭다리였다.

6 치킨 주문 시 유용한 팁이 있다면?
먼저 치킨에 관한 리뷰를 모조리 훑어본 다음 온갖 사이트를 뒤져가며 할인받을 수 있는 사항을 적용해 주문한다. 기프티콘으로도 구매한다.

7 혼자만 알고 싶은 치킨집은?
치킨사냥의 '크리미 양파치킨'을 특히 좋아한다. 양파와 크림소스가 같이 나오는데, 느끼하지 않은 이 조합이 바삭한 치킨과 잘 어울린다.

8 치킨과 관련한 아이디어가 있다면?
사이드 메뉴가 다양한 치킨집이 많아졌으면 좋겠다. 토마토와 크림의 조합이 매력적인 로제 파스타소스를 활용한 치킨이 나왔으면 좋겠다.

9 치믈리에로서 '치부심'을 느낀 순간은?
이런 인터뷰 제의가 들어왔을 때다. 처음이다.

10 자신에게 치킨이란?
돈을 써도 아깝지 않은 존재다.

김석규 치믈리에

음악이 좋아서 음악과 살고 있는 23세의 뮤지션이다.
일주일 중 가장 힘든 수요일과 주말이 끝나가는 일요일,
그리고 아무 때나 하루, 이렇게 일주일에 세 번 치킨 먹기를 실천한다.

[1] '치킨' 하면 가장 먼저 떠오르는 세 가지는?
맥주, 콜라, 선택장애(맛있는 게 너무 많아서 고르기가 힘들다).

[2] 치킨이 가장 많이 생각나는 순간은?
일이 너무 힘든 날과 하늘이 맑고 바람이 선선하게 부는 날.

[3] 치킨 메뉴 중 베스트 3는?
1위는 BBQ의 '황금올리브치킨'이다. 특유의 올리브향과 바삭한 식감이 타 브랜드와 비교할 수 없을 만큼 뛰어나다. 2위는 bhc의 '뿌링클'이다. 단맛과 짭조름한 맛의 조화가 훌륭하며, 느끼함을 덜어주는 새콤달콤한 소스가 매력적이다.
3위는 처갓집양념치킨의 '양념치킨'이다. 옛날 스타일의 묽은 소스와 요즘 스타일의 걸쭉한 소스가 있는데, 추억을 떠올리게 해주어서 그런지 더 맛있게 느껴진다.

[4] 가장 최근에 먹었던 치킨과 그 맛은?
굽네치킨의 '굽네 고추바사삭 치킨'이다. 제공되는 소스 종류에 따라 달콤하게 즐길 수도, 매콤하게 먹을 수도 있다. 특유의 고추향이 입맛을 돋운다.

[5] 맛있는 치킨의 기준은 무엇이라 생각하는가?
얼마나 잘 튀겨졌는지가 중요하다. 뼈에 붙은 살까지 잘 익은 치킨이 가장 맛있다고 생각한다.

[6] 치킨과 함께한 잊지 못할 추억이 있다면?
친구들과 대천해수욕장에 놀러갔던 적이 있다. 숙소 부근에 마침 BBQ가 있어서 곧바로 주문해 배터지게 먹었다. 정말 잊히지 않을 만큼 맛있었다.

[7] 치킨과 관련한 아이디어가 있다면?
재즈와 함께하는 치킨집이 있었으면 좋겠다. 굉장히 힙하지 않은가.

[8] 치킨 주문 시 유용한 팁이 있다면?
BJ 먹방을 참고하는 편이다. 먹방을 하는 사람들은 여러 브랜드의 치킨을 한꺼번에 주문해서 먹는데, 그들을 통해 메뉴 구성부터 세세한 리뷰까지 보고 들을 수 있어서 큰 도움이 된다.

[9] 치믈리에로서 '치부심'을 느낀 순간은?
지인이 치킨을 추천해달라고 부탁할 때 으쓱해진다.

[10] 자신에게 치킨이란?
일상의 활력소 그 자체다.

김선혜 치믈리에

한 치킨 브랜드의 콜센터에서 일하는 아르바이트생이자 서울에서 자취하는 휴학생이다. 최소 두세 끼는 치킨으로 해결하기 때문에 계속 먹어도 안 질리는 치킨이 맛있는 치킨의 기준이다.

---

1 **치킨은 얼마나 자주 먹는가?**
일주일에 한 번 정도 먹는다.

2 **'치킨' 하면 가장 먼저 떠오르는 세 가지는?**
치믈리에 자격시험에 같이 합격한 친구, 분리수거, 가족.

3 **자신의 치킨 취향은?**
예전에는 양념파였다. 그런데 한두 살 나이를 먹어가면서 후라이드가 점점 좋아지고 있다. 맛은 뼈닭이 더 우수한데, 뒤처리가 귀찮은 자취생이라 주문 빈도는 순살이 더 많은 편이다.

4 **치킨 메뉴 중 베스트 3는?**
3위는 BBQ의 '자메이카 통다리 구이'다. 주문하고 나서 배달되기 전에 즉석밥부터 전자레인지에 돌린다. 가격이 조금 비싸지만 치밥에 최고다.
2위는 굽네치킨의 '굽네 고추바사삭 치킨'이다. 고추향의 묘한 중독성 때문에 계속 주문하게 된다.
1위는 페리카나의 '양념치킨'이다. 어릴 적부터 먹어서 그런지 생강이나 마늘로 추정되는 특유의 향이 주기적으로 생각난다.

5 **치킨과 떼려야 뗄 수 없는 짝꿍은?**
치킨무다. 한 통 다 비울 정도로 먹지는 않지만 그래도 치킨에 치킨무가 없다는 건 상상할 수 없다.

6 **치킨의 매력은?**
배달음식 중 가성비가 높다. 어느 지역을 가서 시켜도 맛의 차이가 크지 않다. 늦은 시간에 배달된다는 점도 빼놓을 수 없는 매력이다.

7 **혼자만 알고 싶은 치킨집은?**
자담치킨이다. 치킨도 맛있지만 직접 만든 신선한 치킨무를 내는 곳이다.

8 **치킨과 함께한 잊지 못할 추억이 있다면?**
한강에서 즐겼던 치맥이 생각난다. 서울에서 고등학교 친구들과 처음 모여 치킨을 먹었던 곳도 한강이었고, 여러 대외활동이나 동아리 활동을 하며 많은 사람과 함께했던 곳도 한강이었다. 한강과 치킨의 조합은 내게 청춘의 상징 같은 느낌이다.

9 **치킨 주문 시 유용한 팁이 있다면?**
가능한 다양한 배달앱을 켜고 주문이 많은 순서대로 치킨을 나열한다. 그리고 치킨 리뷰를 본다. 사실 치킨은 한 번씩 다 시켜보는 게 최고다. 경험해봐야 안다.

10 **자신에게 치킨이란?**
미워할 수 없는 악동이다. 살찔 것을 알면서 오늘도 나는 치킨을 시킨다.

김수지 치믈리에

25세의 공무원이다.
고등학생 때는 학업 스트레스를 풀기 위해 금요일마다 치킨을 먹었고, 지금은 직장에서 받는 스트레스를 치킨으로 푼다. 치킨은 집에서 편한 차림으로 먹는 게 최고다.

1 치킨은 얼마나 자주 먹는가?
일주일에 한 번 이상 먹는다.

2 '치킨' 하면 가장 먼저 떠오르는 세 가지는?
바삭한 껍질, 닭다리, 배달.

3 자신의 치킨 취향은?
바삭한 껍질을 좋아해서 구운 치킨보다 튀긴 치킨을 선호한다. 순살보다는 뼈닭이다.

4 치킨은 어떻게 먹어야 제맛인가?
굽네치킨의 '굽네 볼케이노'를 먹을 때는 항상 밥과 함께 먹는다. 집에서 편한 차림으로 TV를 보면서 콜라와 먹는 치킨이 역시 최고다.

5 치킨의 매력은?
골라 먹는 재미가 있다. 기분이 안 좋을 때나 좋을 때나 생각난다. 식어도 맛있다.

6 치킨과 함께한 잊지 못할 추억이 있다면?
치믈리에 자격시험에 합격한 것이다. 처음에는 그냥 '치킨이나 많이 먹고 오자'는 생각으로 지원했는데, 막상 시험지를 받으니 나 스스로 진지해졌고, 합격하고 싶은 욕심까지 생겼다.

7 치킨과 관련한 아이디어가 있다면?
BBQ에서 '황금올리브치킨'과 '황금올리브 양념치킨'으로 구성된 반반 메뉴를 먹은 적이 있다. 황금올리브양념치킨은 양념과 함께 어우러져도 바삭함이 살아 있었다. 다만 내 입맛에는 너무 매웠기 때문에 매운맛을 줄인 바삭한 양념치킨이 나왔으면 좋겠다.

8 혼자만 알고 싶은 치킨집은?
부산에 놀러갔을 때 삐뽀치킨의 '해물 팟타이 치킨'을 먹어봤는데 정말 맛있었다. 약간 깐풍기 같은 느낌의 닭고기와 팟타이 면, 각종 해물 등이 조화롭게 어우러진 훌륭한 맛이어서 배가 불러도 계속 손이 갔다.

9 치믈리에로서 '치부심'을 느낀 순간은?
종종 배달의민족에서 인터뷰 요청을 해오거나 맥주 시음회에 초대받았을 때 선택받은 느낌이 든다.

10 자신에게 치킨이란?
기쁠 때나 슬플 때나 생각나는 존재다.

김승미 치믈리에

30대의 서비스 기획자다.
태어나면서부터 우리는 치느님의 은총 아래 살아가고 있다고 믿는다.
야구장 치맥과 한강 치맥을 사랑하며, 집에서는 뼈닭, 야외에서는 순살을 선택한다.

---

1. 치킨은 얼마나 자주 먹는가?

최소 2주에 한 번 정도 먹는다. 주중에는 회사 동료들과 어울려 치맥을 즐기기도 한다.

2. '치킨' 하면 가장 먼저 떠오르는 세 가지는?

맥주, 퇴근, 치킨무.

3. 치킨이 가장 많이 생각나는 순간은?

야근할 때(팀장님은 치킨을 사주실 때 가장 예쁘다)와 한강에 놀러가고 싶을 때다.

4. 가장 최근에 먹었던 치킨과 그 맛은?

최근에는 주로 교촌치킨의 '교촌허니콤보'를 시킨다. 소스가 발라져 있는데도 바삭한 튀김옷이 매력적이며, 맥주와도 잘 어울린다.

5. 치킨 메뉴 중 베스트 3는?

1위는 교촌치킨의 '교촌허니콤보'다. 후라이드 치킨와 양념치킨 사이에서 고민할 때 그 모두를 충족시키는 맛이다. 2위는 둘둘치킨의 '후라이드치킨'이다. 참고로 명동역에서 남산으로 올라가는 길에 있는 둘둘치킨 본점에서 먹는 치킨이 가장 맛있다. 3위는 처갓집양념치킨의 '양념치킨'이다. 어릴 때 집 근처에 처갓집양념치킨이 생겨서 처음 양념치킨을 접했는데, 그때 먹었던 강렬한 소스 맛이 기억에 남아 있다.

6. 치킨과 떼려야 뗄 수 없는 짝꿍은?

야구라고 생각한다. 야구 응원의 화룡점정은 바로 치킨이다.

7. 치킨의 매력은?

저비용 고효율이다. 많이 비싸지 않으면서도 가족이든 친구든 그 자리에 모인 사람 모두를 행복하게 하는 마법의 아이템이다.

8. 날카로운 첫 치킨의 기억이 있다면?

아버지가 월급날 기름기 밴 누런 봉투에 담아왔던 후라이드 치킨이다. 그때가 치킨에 빠져들기 시작한 순간이었던 것 같다.

9. 치킨 주문 시 유용한 팁이 있다면?

잘 알지 못하는 브랜드에 시킬 때는 무조건 오리지널 후라이드를 시키면 중간은 간다. 이 메뉴도 맛이 없다면 그 브랜드는 정말로 답이 없다.

10. 치킨과 관련한 아이디어가 있다면?

아마존 대시 버튼(Amazon Dash Button)처럼 누르기만 하면 늘 시키던 치킨이 자동 주문되고 배달되면 좋겠다. 이런 서비스가 곧 나오지 않을까 싶다.

김유섭 치믈리에

신문사에서 영상 제작하는 일을 하고 있다.
무슨 일을 하나 싶겠지만, 치킨집에서 피자도 만든다고 생각하면
받아들이기 쉬울 것 같다. 혼자 치킨을 먹을 때는 반드시 먹방을 틀어놓는다.

---

1 자신의 치킨 취향은?
때와 장소, 브랜드에 따라 다르다. 이를테면
처갓집양념치킨에서는 뼈닭을 주문하고,
네네치킨에서는 메뉴 옵션으로 순살을,
교촌치킨에서는 '교촌허니콤보'를 시키는 식이다.
함께 먹는 사람의 취향에 맞추기도 한다.

2 치킨과 떼려야 뗄 수 없는 짝꿍은?
혼자 치킨 먹을 때는 TV 프로그램 〈냉장고를
부탁해〉와 〈맛있는 녀석들〉 등 먹방을 반드시
틀어놓고 '내가 더 맛있는 거 먹고 있다!'고
생각하며 먹는다.

3 치킨과 함께한 잊지 못할 추억이 있다면?
군대 위병소에서 몰래 시켜먹은 치킨이 가장 많이
생각난다. 휴대폰을 몰래 반입한 선임이 치킨을
주문해서 간부들 몰래 먹었다. 치킨 뼈는 흔적 없이
땅에 고이 묻어주었다. 맥주가 없어서 아쉬웠지만
그 치킨이 내 '인생 치킨'이었음을 의심하지 않는다.

4 가장 최근에 먹었던 치킨과 그 맛은?
디디치킨의 '세가지맛 홈세트'다. 각자 원하는 맛이
다른 친구 세 명이 모였는데 그때 먹기 딱이었다.

5 치킨과 관련한 아이디어가 있다면?
치킨 랜덤박스가 있으면 좋겠다. 어떤 구성으로
담겨 있을지는 아무도 모른다. 치킨과 함께 마음이
담긴 치킨집 사장님의 편지나 상품권이 들어 있을
수도 있다. 아이템이 신선하지 않은가!

6 혼자만 알고 싶은 치킨집은?
아웃닭 홍대점이다. 항상 깨끗한 기름을 쓴다.
전주의 '메밀방앗간'도 메밀국수와 치킨을 함께
파는 매력적인 치킨집이다. 메밀가루로 튀김옷을
입혀 맛이 참으로 담백하다.

7 치킨 주문 시 유용한 팁이 있다면?
주는 만큼 받는다고 생각한다. 전화로 주문할 때나
배달원을 맞이할 때 최대한 친절하게 한다. 맛있는
치킨을 먹고 싶다면, 나와 치킨을 만나게 해주는
사람들에 대한 감사함은 필수다.

8 치믈리에 자격시험 준비는 어떻게 했나?
시험 2주 전부터 치킨집 전단지를 죄다 모아서
하루 1시간씩 공부했다.

9 치믈리에에 도전하는 분들에게 조언한다면?
치믈리에 자격시험장은 일반적인 시험장이 아니라
축제의 장이다. 마음껏 즐겼으면 좋겠다.

10 자신에게 치킨이란?
퇴근하고 즐길 기쁨 그 자체다.

노소정 치믈리에

세무사 사무실에서 일하는 23세 회사원이다.
욕심은 화를 부르는 법이라는 철칙에 따라 치킨이 간절히 생각날 때에만 한 번씩 먹는다.

1 **자신의 치킨 취향은?**
바삭한 식감의 크리스피 치킨을 가장 선호한다. 뼈닭보다는 순살을 좋아하는 '순살러'다.

2 **치킨 메뉴 중 베스트 3는?**
1위는 보드람치킨의 '오리지널 치킨'이다. 수제 후라이드 치킨으로 유명한데, 얇고 바삭한 튀김옷과 알맞게 짭짤한 맛이 뛰어나다. 함께 제공되는 칠리소스에 찍어 먹으면 '오 마이 갓'을 외치게 된다. 2위는 미스터짱닭치킨의 '매운간짱치킨'이다. 살짝 매콤한 맛이 느끼할 틈을 안 준다. 3위는 치킨매니아의 '새우치킨 순살'이다. 치킨과 새우의 서식지는 육지와 바다로 서로 다르지만, 같이 먹을 때 입안에서 퍼지는 강력한 맛의 시너지 효과는 정말로 대단하다.

3 **치킨은 어떻게 먹어야 제맛인가?**
정말로 맛있는 치킨은 나눠 먹지 말아야 한다. 혼자 먹어야 오롯이 그 맛을 느낄 수 있다. 처음 한입 베어물었을 때의 환희와 먹는 동안의 기쁨, 그리고 마지막의 아쉬움까지 혼자 즐겨야만 치킨의 참맛을 알 수 있다.

4 **치킨과 떼려야 뗄 수 없는 짝꿍은?**
양파 장아찌와 콜라, 예능 프로그램.

5 **치킨과 함께한 잊지 못할 추억이 있다면?**
월드컵 시즌에 친구들과 새벽에 학교에서 만나 치킨을 주문했다. 그런데 등교 시간이 다 되었을 때에야 치킨이 도착해서 교실로 숨겨 들여와 몰래 먹었던 기억이 난다. 월드컵보다 치킨과 친구가 좋았던 그때 그 치킨이 가장 맛있었다.

6 **치킨과 관련한 아이디어가 있다면?**
치킨의 기름진 맛을 덜어내기 위해 과일맛을 접목한 치킨을 만들고 싶다. 튀김옷에 레몬즙을 살짝 섞어도 좋을 것 같고, 레몬 마요네즈 같은 디핑 소스와 함께 내도 좋을 것 같다.

7 **치킨 주문 시 유용한 팁이 있다면?**
단골 치킨집을 하나 만드는 게 가장 좋다. 마음에 드는 치킨집을 정하고 그곳 주인에게 친절한 목소리로 치킨을 주문해보라. 리뷰도 정성껏 남겨보라. 그러면 주인이 알아서 잘 챙겨줄 것이다.

8 **혼자만 알고 싶은 치킨집이 있다면?**
우장산역 근처에 있는 다이아몬드 치킨이다. 이곳 메뉴인 '고구마 닭강정 치킨'은 닭강정과 고구마를 동시에 즐길 수 있을 뿐 아니라 양도 맛도 뛰어나다. 냉동해뒀다가 전자레인지에 데워 먹어도 변함없이 맛있다.

9 **치믈리에로서 '치부심'을 느낀 순간은?**
내가 시키는 치킨에 대해 주변에서 군말이 없을 때다.

10 **자신에게 치킨이란?**
계속해서 생겨나는 작은 행복이다.

도홍비 치믈리에

남들보다 치킨을 좀 더 많이 먹었다고 자부하는 대학생이다.
너무 먹어서 한동안 입에도 안 대겠다고 생각한 그다음 날 아침에도 생각나는 존재가 바로 치킨이다.

---

1 **치킨은 얼마나 자주 먹는가?**
일주일에 한두 번 먹는다.

2 **'치킨' 하면 가장 먼저 떠오르는 세 가지는?**
완벽함, 만병통치약, 첫사랑.

3 **치킨과 떼려야 뗄 수 없는 짝꿍은?**
맥주다. 치킨은 라거 맥주와 잘 어울리고, 시트러스 향과 쌉쌀한 홉의 맛이 매력적인 IPA 맥주와도 잘 어울린다.

4 **치킨의 매력은?**
먹으면 도파민이 분비된다. 그리고 부위별로 맛이 달라 한 마리로 열 가지 음식을 먹는 것 같다.

5 **치킨 메뉴 중 베스트 3는?**
1위는 가성비 최고인 신촌싸닭의 '후라이드치킨'이다. 대형 프랜차이즈 치킨에 비해 가격이 저렴하고, 신선하며, 육즙이 가득하다. 바삭한 튀김옷도 완벽하다. 2위는 네네치킨의 '양념반+후라이드반'이다. 닭의 염지가 과하지 않아 물리지 않게 먹을 수 있다. 3위는 BBQ의 '황금올리브치킨'이다. 고소하고 바삭한 튀김옷 안에 육즙을 머금고 있는 촉촉한 살이 일품이다.

6 **치킨과 함께한 잊지 못할 추억이 있다면?**
다섯 살 때 외할머니가 치킨을 먹어보라며 닭다리 끝부분을 휴지로 감싸주셨다. 내가 살이 많은 윗부분만 먹고 버리려고 하자 외할머니가 "더 맛있는 부분을 못 먹을 뻔했다"며 닭다리 끝부분의 휴지를 떼주셨다. 그때 손잡이 부분의 그 쫄깃한 식감과 맛은 아직도 잊히지 않는다.

7 **맛있는 치킨의 기준은 무엇이라고 생각하는가?**
치킨은 오로지 뼈닭이다. 그리고 양념치킨이든 후라이드 치킨이든 적당한 두께의 튀김옷이 바삭하게 잘 살아 있고, 육질이 촉촉하며, 알맞게 염지한 치킨이 맛있는 치킨이다.

8 **치킨과 관련한 아이디어가 있다면?**
혼자서 주문할 때 한 마리는 양과 비용 면에서 조금 부담스러울 때가 있다. 치킨을 반 마리만 절반 가격에 시켜 먹을 수 있는 치킨집이 있었으면 좋겠다.

9 **치믈리에로서 '치부심'을 느낀 순간은?**
치킨을 남들보다 깔끔하게 발골할 때다. 야무지게 발라먹은 치킨 뼈를 남들이 보면 아마 화석이라고 생각할 것 같다.

10 **자신에게 치킨이란?**
나의 정체성이다. 친구들도 나를 생각할 때 치킨이 함께 떠오른다고 한다.

민주원 치믈리에

27세의 광고 회사 크리에이터다.
미술학도 시절 주로 밤에 그림을 그리다 보니 야식으로 자연스럽게
치킨을 많이 먹게 되었고, 점점 더 다양한 치킨의 세계에 빠져들었다.

---

1 **치킨은 얼마나 자주 먹는가?**
요즈음 약간 '치킨태기'인 것 같다. 치킨보다
피자를 더 자주 먹는다. 치느님께 미안하다.

2 **'치킨' 하면 가장 먼저 떠오르는 세 가지는?**
맥주, 한강, 배달의민족.

3 **치킨이 가장 많이 생각나는 순간은?**
격한 운동을 했을 때, 맥주 마시고 싶을 때,
야구 볼 때, 하늘이 유난히 파랗고 맑을 때.

4 **자신의 치킨 취향은?**
양념 바른 치킨보다 양념소스를 따로 찍어먹는
치킨을 선호한다. 뼈닭이 확실히 더 맛있지만,
귀차니즘 때문에 순살을 더 자주 먹는다.

5 **치킨과 떼려야 뗄 수 없는 짝꿍은?**
〈무한도전〉(요즘은 〈나 혼자 산다〉), 맥주, 밥.

6 **가장 최근에 먹었던 치킨과 그 맛은?**
가마로강정의 '반반메뉴'다. 매콤한 강정과 달콤한
강정을 함께 즐길 수 있어 회사에서 한 달에 한 번씩
하는 생일 파티에 빠지지 않고 준비하는 메뉴다.
강정 특유의 달짝지근함이 잘 살아 있다.

7 **치킨과 함께한 잊지 못할 추억이 있다면?**
대학교에 입학해 처음으로 파닭을 접했을 때
신선했던 맛의 충격을 잊을 수 없다.
숨이 살짝 죽은 파채를 함께 곁들여 먹는
치킨의 맛은 정말 신세계였다. 그리고 밤늦게까지
그림 그린 다음 날 따뜻하게 데운 즉석밥에 전날
먹다 남은 양념치킨을 반찬 삼아 먹었던 경험도
잊을 수가 없다.

8 **치믈리에에 도전하는 분들에게 조언한다면?**
재미있고 특별한 경험이 될 것 같아서 지원했지만,
막상 시험이 시작되자 합격하고 싶은 욕심이 생겼다.
시험 전에 치킨과 관련한 다양한 영상을 보았던
것이 큰 도움이 되었다. 치믈리에가 된 이후에
행사에도 초대받고 여러 프로젝트와도 인연이
이어지는 등 즐거운 일이 많이 생긴다.

9 **치믈리에로서 '치부심'을 느낀 순간은?**
배달의민족이 주관한 '치믈리에일' 행사에
초대받았을 때다.

10 **자신에게 치킨이란?**
사랑?

박현주 치믈리에

평일에는 립스틱 컬러를 비교하며 화장품을 개발한다.
주말에는 치킨 튀김옷의 두께와 질감, 맛과 향을 비교하는 게 취미.
2017년 가장 큰 도전은 치믈리에 자격증을 딴 일이다.

---

[1] **치킨은 얼마나 자주 먹는가?**
일주일에 최소 두 번, 많게는 네 번 정도 먹는다.

[2] **'치킨' 하면 가장 먼저 떠오르는 세 가지는?**
맥주, 선택장애, 행복.

[3] **치킨이 가장 많이 생각나는 순간은?**
특히 봄부터 초여름에 걸쳐 치킨이 당긴다.
바꿔 말하면 노천에서 맥주 마시기 좋은 날씨에
치킨이 가장 많이 생각나는 것 같다.

[4] **맛있는 치킨의 기준은?**
건강하게 자란 닭과 신선한 기름의 조화야말로
맛있는 치킨이 탄생하기 위한 필수조건이다.
아무리 양념이 훌륭해도 닭이 건강하고 신선하지
않으면 맛이 없다. 몸집이 통통하고 튼튼한 뼈를
가진 닭을 써야 환상의 맛을 낼 수 있다.

[5] **치킨과 떼려야 뗄 수 없는 짝꿍은?**
맥주다. 후라이드 치킨에는 약간 풍미가
깊은 맥주를, 양념치킨에는 탄산이 약한
맥주를 추천한다.

[6] **치킨과 함께한 잊지 못할 추억이 있다면?**
썸남과 먹은 만선호프의 '마늘치킨'이 기억에
오래 남아 있다.

[7] **가장 최근에 먹었던 치킨과 그 맛은?**
최근 60계치킨의 '간지치킨'을 먹었다.
치킨 자체도 맛있었지만, 무엇보다 신이 만든
최고의 소스인 마요네즈에 치킨을 찍어 먹는
발상을 해낸 것부터가 범상치 않았다.

[8] **혼자만 알고 싶은 치킨집은?**
림스치킨이다. 그리고 햄버거집인데도 치킨윙이
정말 맛있는 바스버거도 빼놓을 수 없다.

[9] **치킨과 관련한 아이디어가 있다면?**
배민 앱에 치믈리에가 릴레이로 치킨을 추천해주는
콘텐츠가 생기면 좋겠다. 치믈리에가 치킨을
추천하면서 맛있게 먹는 팁까지 알려주면
금상첨화이지 않을까?

[10] **치믈리에에 도전하는 분들에게 조언한다면?**
나는 치믈리에 자격시험에 합격하기 위해 치킨과
관련한 인터넷 강의까지 찾아보면서 열심히
준비했다. 인터넷 강의를 절대 추천한다.
그리고 시험을 준비하는 사람들을 수소문해서
다 함께 모여 여러 종류의 치킨을 먹어보며
준비해도 좋을 것 같다.

백승혜 치믈리에

22세의 대학생이다.
어릴 때부터 닭을 사랑해 아침에는 달걀프라이, 점심에는 달걀찜, 저녁에는 치킨을 먹는 게 습관이 되었다. 그리고 지금까지 꿋꿋하게 치킨덕후의 외길을 걷고 있다.

---

1 **'치킨' 하면 가장 먼저 떠오르는 세 가지는?**
콜라, 무, 포크.

2 **치킨이 가장 많이 생각나는 순간은?**
반드시 '치킨을 먹겠다'고 마음먹은 적은 거의 없다. 그러나 무엇을 먹을지 고민하다 보면 결론은 항상 치킨이었다.

3 **가장 최근에 먹었던 치킨과 그 맛은?**
동생이 회식 후에 사온 호프집의 훈제와 후라이드 치킨이다. 튀김옷이 썩 마음에 들지는 않았지만, 오는 치킨은 결코 마다하지 않는다.

4 **맛있는 치킨의 기준은?**
'맛있는 치킨'이라는 말이 도무지 이해가 안 간다. 치킨이 곧 맛있음인데 '맛있는 치킨'이라니 중복 아닌가. 모든 치킨을 다 사랑한다.

5 **치킨과 함께한 잊지 못할 추억이 있다면?**
기숙사에서 치킨을 같이 먹겠다는 친구가 없어서 한 마리를 주문해 혼자 다 먹었던 적이 있다. 그때 다리와 날개 두 쪽을 혼자 다 먹는다는 것이 얼마나 즐거운 일인지 새삼 깨달았다.

6 **혼자만 알고 싶은 치킨집은?**
성북구 정릉동에 있는 홈타운 숯불바베큐치킨이다. 동네 주민들과 그곳을 아는 사람들만 은밀하게 가는 치킨집이다. 매운맛과 중간맛, 순한맛으로 고를 수 있는 '양념바베큐'와 쫄면, 콜라를 함께 시키면 애피타이저로 팝콘을 주는데, 쫄면을 바베큐치킨 소스에 비벼먹는 것이 별미다.

7 **치킨 주문 시 유용한 팁이 있다면?**
사실 나는 매일 시키는 집에 시키는 편이다. 그러다 누군가 추천하는 집에 가서 괜찮으면 나만의 '치킨집 영역'으로 편입시킨다.

8 **치믈리에에 도전하는 분들에게 조언한다면?**
나는 스스로 아무 준비도 못했다고 생각했지만 좋은 결과를 얻었다. 준비하지 못했던 것이 아니라 실은 지난 세월 동안 줄곧 치킨을 먹으며 준비해왔던 게 아닐까? 평생 준비해온 '치능력'을 마음껏 발휘하길 바란다.

9 **치믈리에로서 '치부심'을 느낀 순간은?**
딱히 치부심을 느끼고 있다기보다는 치킨을 먹는 모든 순간에 감사할 뿐이다.

10 **자신에게 치킨이란?**
인생의 동료. 과거에도 함께했고 오늘도 함께하며 미래에도 그럴 것이다.

서보근 치믈리에

이랜드 외식사업부의 인하우스 컨설팅 부서에서 일한 경험이 있는 30세 회사원이다.
연세대학교 치킨동아리 '피닉스'의 초대 회장으로 '덕밍아웃'한 바 있다.

---

[1] 치킨은 얼마나 자주 먹는가?
치킨동아리에서 활동할 때는 일주일에 다섯 번 정도 먹었다. 현재는 일주일에 한 번 먹는데, 치킨을 즐기는 횟수가 줄었다는 것이 사회 초년생의 고단한 삶을 방증한다.

[2] '치킨' 하면 가장 먼저 떠오르는 세 가지는?
내 이름, 연대 치킨동아리 피닉스, 양념 반 후라이드 반.

[3] 맛있는 치킨의 기준은?
식재료(생닭)를 얼마나 잘 관리해 본연의 맛을 낼 수 있는지가 중요하다. 소스로 대충 비벼 맛을 완성하려는 수작은 안 통한다. 기본기가 탄탄해야 한다.

[4] 가장 최근에 먹었던 치킨과 그 맛은?
치킨플러스의 '쉑쉑양꼬치킨'이다. 치맥이 당길 때 이 치킨을 추천한다. 한마디로 맥주를 부르는 맛이다.

[5] 치킨과 떼려야 뗄 수 없는 짝꿍은?
단연 콜라다. 치킨과 찰떡궁합인 콜라의 청량감은 그 어떤 음료로도 대체할 수 없다.

[6] 치킨과 함께한 잊지 못할 추억이 있다면?
어렸을 때 항상 양념반 후라이드반을 시키면 내가 양념치킨의 닭다리를 먹고, 형이 후라이드 치킨의 닭다리를 먹었다. 형이 부재중이어서 후라이드 닭다리를 형의 몫으로 남겨둔 어느 날, 밖에서 돌아온 형이 닭다리를 먹지 않고 버리는 모습을 보고 분노와 원망의 눈물을 흘렸던 기억이 생생하다. 지금도 난 그때의 형을 이해할 수 없다(물론 형을 사랑한다).

[7] 혼자만 알고 싶은 치킨집은?
신촌의 크리스터치킨이다. 연세대학교 학생들에게는 유명한 곳이다.

[8] 치킨과 관련한 아이디어가 있다면?
치킨 편집숍이 있었으면 좋겠다. 한 공간 혹은 하나의 전화번호로 모든 브랜드의 치킨을 먹을 수 있다면 정말 멋질 것 같다. 치킨 편집숍에서 조각별로 다른 맛을 주문하는 상상을 가끔 해본다.

[9] 치믈리에로서 '치부심'을 느낀 순간은?
가끔씩 지인들이 치킨을 먹다가 사진을 찍어 보내며 무슨 치킨인지 알아맞혀 보라는 퀴즈를 낸다. 그럴 때마다 나는 "조금 귀찮지만 기꺼이 답변해줄게"라며 선심 쓰듯 정답을 보낸다. 그게 그렇게 반응이 좋다.

[10] 자신에게 치킨이란?
즐거울 때나 힘들 때나 항상 함께해주는 친구다.

손나연 치믈리에

30대 후반의 웹툰 작가다.
대학생 시절 서울에서 자취하면서 스스로 배달의민족임을 깨달았다.
배달음식 가운데 최고는 단연 치킨이라고 생각한다.

---

[1] 치킨은 얼마나 자주 먹는가?
수입이 저조할 때는 일주일에 한 번 정도 먹고,
수입이 괜찮을 때는 더 자주 먹는다.
주로 같이 사는 친구나 남자친구와 먹는다.

[2] '치킨' 하면 가장 먼저 떠오르는 세 가지는?
술, 따스함이 느껴지는 고소한 냄새,
다이어트를 방해하는 최대의 적.

[3] 치킨이 가장 많이 생각나는 순간은?
웹툰 작가로 일하고 있기 때문에 노동을 끝내고
마감주를 마실 때 가장 생각난다.

[4] 맛있는 치킨의 기준은?
좋은 사람과 먹는다면 모든 치킨이 맛있다.
그렇지 못할 때는 내 기분을 나아지게 하는
치킨이 제일이다.

[5] 치킨집 중 베스트 3는?
1위는 대전에 위치한 '둥지바베큐'다. 어릴 때
처음으로 갔던 치킨집이자 지금은 명절 때마다
가는 단골집이다. 이곳 치킨은 바비큐 치킨이라
기름지지 않고, 간이 딱 적절하게 배어 있다. 2위는
노랑통닭이다. '매콤 후라이드'는 후라이드를
좋아하면서 매콤한 맛도 즐기는 사람이라면
싫어할 수 없는 맛이다. 3위는 바삭한 치킨의
대명사인 KFC다.

[6] 치킨과 함께한 잊지 못할 추억이 있다면?
초등학교 때 엄마가 사준 파파이스 치킨을
잊을 수 없다. 훈제치킨이나 바비큐, 옛날 통닭을
주로 먹어왔던 터라 하얀 플라스틱 바구니에
담긴 치킨과 비스킷을 접했을 때의 충격이
아직도 생생하다.

[7] 치킨과 어울리는 음료를 꼽으라면?
소주, 단연코 소주다. 기름기를 적당히 해소해주고
특유의 쓴맛이 풍미를 극대화시킨다.

[8] 치킨과 관련한 아이디어가 있다면?
샘플러가 필요하다. 맥주 샘플러는 있는데 왜
치킨 샘플러는 없는가. 새로운 메뉴를 한 마리씩
접하기엔 가격도 양도 만만치 않다.

[9] 치킨 주문 시 유용한 팁이 있다면?
좋은 리뷰보다 나쁜 리뷰에 집중한다.
기대감은 실망감도 증폭시킨다. 새로운 곳에
도전할 때는 기대치를 낮춘 후에 시키면 일단
맛있다고 느껴진다.

[10] 치믈리에에 도전하는 분들에게 조언한다면?
필기는 암기가 필수이고, 실기는 절반의
확률 싸움이다. 시험 당일에 친구의 차 안에서
비법 노트를 달달 외웠다. 그 정도로 공부했다.

송명규 치믈리에

공부하는 22세의 대학생이다.
성인이 된 후 치맥의 공식을 알고 치킨덕후가 되었다.
치킨값은 단 한 번도 헛되이 쓰이지 않았다고 생각하는 치킨 순정파다.

1 치킨은 얼마나 자주 먹는가?

일주일에 두 번 정도 먹지만, 때때로 일주일에 여섯 번까지 먹을 때도 있다.

2 '치킨' 하면 가장 먼저 떠오르는 세 가지는?

맥주, 2만 원, 닭다리.

3 치킨이 가장 많이 생각나는 순간은?

길을 걷다가 치킨집을 지나칠 때 닭이 고소하게 튀겨져 치킨으로 재탄생되는 냄새를 맡으면 정말 먹고 싶다. 치킨을 싣고 달리는 배달 오토바이를 볼 때도 군침을 삼키곤 한다. 해가 반짝반짝 후라이드 치킨처럼 빛날 때나 비가 추적추적 내리는 늦은 밤에도 치킨이 당긴다.

4 맛있는 치킨의 기준은?

치킨무나 소스조차 필요 없이 튀김옷과 속살의 높은 퀄리티를 자랑하는 순수한 후라이드 치킨이 최고다. 후라이드 치킨을 뛰어나게 잘 만드는 치킨집은 양념치킨이나 간장치킨도 참 맛있게 만든다.

5 치킨과 함께한 잊지 못할 추억이 있다면?

고등학교 1학년 때 호치킨에서 처음으로 '간장치킨'을 먹었다. 치킨집에 가기 전에 급식을 먹어서 배가 부른 상태였지만 정말 맛이 좋아서 치킨을 뜯고 또 뜯었다. 원래 지독한 후라이드파였으나 그날 이후 간장파로 이적하게 되었다(물론 여전히 후라이드 치킨도 좋아한다).

6 치킨과 떼려야 뗄 수 없는 짝꿍은?

맥주다. 맥주와 치킨의 궁합은 마치 메시와 호날두가 입안에서 서로 신기에 가까운 플레이를 선보이는 것과 같다고 할까? 한마디로 환상적이다.

7 치킨과 어울리는 음료는?

사실 치킨은 물과 먹어도 맛있다. 그래도 매운 치킨을 먹을 때 포카리스웨트나 토레타와 함께 먹으면 그 조화가 꽤나 좋다.

8 가장 최근에 먹었던 치킨과 그 맛은?

후라이드 치킨을 참 잘한다고 소문난 치킨집에 가서 주문해 먹었다. 다 먹고 나서 그 치킨집이 후라이드계에서 무섭게 떠오르고 있다는 말이 거짓이 아님을 제대로 느꼈다.

9 치킨 주문 시 유용한 팁이 있다면?

치킨의 양이 중요하다면 모르는 치킨집에 주문하는 것보다 주인과 친하거나 친구가 일하는 치킨집으로 직접 가서 먹으라고 권하고 싶다. 집으로 주문할 때는 양념을 넉넉하게 달라고 하면 좋다.

10 치믈리에에 도전하는 분들에게 조언한다면?

평소 먹어보지 못했던 새로운 치킨을 많이 먹어보면 도움이 된다. 물론 늘 좋아해서 먹던 치킨이 아닌 다른 치킨을 주문할 때의 부담감은 잘 안다. 하지만 그 또한 배움이다.

송명재 치믈리에

개인 치킨 브랜드 '스타에델치킨'을 운영하는 37세의 치킨 전문 외식인이다.
치믈리에 자격시험에서 한 문제 차이로 비운의 차석을 차지했다.

[1] **치킨은 얼마나 자주 먹는가?**
많이 먹을 때는 아내와 함께 일주일에 다섯 번 정도 야식으로 먹는다.

[2] **'치킨' 하면 가장 먼저 떠오르는 세 가지는?**
튀기는 치킨, 찌는 치킨, 굽는 치킨.

[3] **자신의 베스트 치킨은?**
치킨의 원조 격인 KFC의 '오리지널치킨'과 '핫크리스피치킨'이다. 오리지널치킨은 촉촉함과 담백함의 극치를 느끼게 한다. 핫크리스피치킨은 튀김옷이 정말 바삭하고, 매콤한 맛이 입맛을 계속 당긴다. bhc의 '해바라기 후라이드 치킨'과 네네치킨의 '후라이드 마일드'도 바삭함과 고소함에서 기본을 잘 지키는 치킨들이다.

[4] **치킨과 어울리는 음료를 추천한다면?**
코카콜라다. 최근에 득도한 사실은 유리병, 캔, 페트병, 디스펜서 순으로 맛이 좋다는 것이다. 최고는 역시 유리병에 담긴 코카콜라다.

[5] **치킨과 떼려야 뗄 수 없는 짝꿍은?**
예능 프로그램 〈무한도전〉과 〈나 혼자 산다〉다. 〈무한도전〉이 끝나 너무 아쉽다. 시즌2를 기대한다.

[6] **가장 최근에 먹었던 치킨과 그 맛은?**
꾸꾸루꾸바베큐(39년 전통 유진바베큐의 새 이름)의 '꾸꾸 마일드'를 먹었다. 주문 즉시 조리하기 때문에 맛도 뛰어나고, 매우 뜨거운 상태로 배달된 점이 마음에 들었다.

[7] **치킨을 주문할 때 도움 될 만한 팁이 있다면?**
매장으로 직접 전화하라. 그리고 마음을 담아 "정말 맛있게 부탁드립니다"라고 말하라.

[8] **치믈리에 자격시험에 응시하게 된 계기는?**
국내 최초, 아니 세계 최초라 도전했다. 나를 테스트하고 싶은 순수한 마음으로 시험을 치렀는데, 나중에 알고 보니 한 문제 차이로 차석이라고 했다. 그 사실이 매우 아쉽다.

[9] **치믈리에로서 '치부심'을 느낀 순간은?**
운영하고 있는 매장에 치믈리에 자격증을 살포시 걸어놓았는데, 손님들이 보고 감탄할 때.

[10] **자신에게 치킨이란?**
단순하게 생각하면 닭을 밀가루에 묻혀 튀긴 음식일 뿐인데, 그럼에도 아트적인 맛이 나는 대단한 존재다. 배고플 때도 생각나고 배부를 때도 생각나는 존재다.

송연수 치믈리에

송파구에서만 29년째 살고 있는 남자다.
쉬는 날 미드와 함께 치맥하는 것이 자연스러운 일상으로
치킨 즐기는 삶을 유지하며 유전자에 차곡차곡 치킨을 새기고 있다.

---

[1] **치킨은 얼마나 자주 먹는가?**
일주일에 한 번 정도 먹는다. 일이 없는 날 늦게 일어나 미드를 보며 치맥하는 것을 좋아한다. 친구들과 저녁 약속이 있는 날에는 치킨집에서 먹는 것도 좋아한다.

[2] **'치킨' 하면 가장 먼저 떠오르는 세 가지는?**
맥주, 바삭한 식감, TV 프로그램.

[3] **치킨이 가장 많이 생각나는 순간은?**
기분이 최고일 때나 최하일 때 모두 치킨이 생각난다. 좋은 일이 있을 때나 스트레스를 많이 받았을 때 먹는 치킨은 유독 더 맛있다.

[4] **맛있는 치킨의 기준은?**
기본에 충실한 뼈 있는 후라이드 치킨이야말로 최고의 치킨이다. 반면에 기본을 도외시한 채 납득이 안 되는 소스를 잔뜩 뿌린 치킨은 음식에 장난친 것 같아 안 먹게 된다.

[5] **치킨의 매력은?**
치킨은 대한민국 남녀노소의 입맛을 모두 사로잡은 대단한 음식이다. 양질의 단백질을 섭취할 수 있게 해주는 완벽한 음식이기도 하다. 또한 대한민국이라면 웬만한 곳에서 아주 쉽게 먹을 수 있는 음식이다.

[6] **가장 최근에 먹었던 치킨과 그 맛은?**
굽네치킨의 '굽네 고추바사삭 윙'을 먹었다. 굽네치킨은 치킨의 기름을 쫙 빼는 편이기 때문에 살이 퍽퍽한 부위는 부담스럽다. 그래서 윙을 주문했는데 탁월한 선택이었다.

[7] **치킨집 중 베스트 3는?**
1위는 굽네치킨이고, 2위는 송파구 방위동에 위치한 '치맥한산'이다. 맛도 훌륭하고, 매장도 넓고, 빔프로젝터가 있어 TV 시청도 편하다. 3위는 크리스피 치킨의 절대강자인 BBQ다. '황금올리브치킨'을 적극 추천한다.

[8] **치킨 주문 시 유용한 팁이 있다면?**
치킨 초보자는 배달앱 후기를 참고하면 도움이 많이 될 것이다. 할인 이벤트를 잘 안 하는 브랜드를 시킬 때는 배달앱 포인트나 카드사 이벤트를 적극 활용하는 게 최선이다.

[9] **치믈리에에 도전하는 분들에게 조언한다면?**
치덕에게 치믈리에 자격증은 최고의 명예다. 즐겁게, 그러면서도 진지하게 시험에 임해 치믈리에 자격증을 손에 넣기 바란다.

[10] **치믈리에로서 '치부심'을 느낀 순간은?**
내 추천에 누군가 "여기 진짜 맛있어?"라고 의심하듯 물으면 "나 치믈리에야"라고 넌지시 이야기하는데, 그때 가슴이 뿌듯하다.

신혜원 치믈리에

대구에 사는 21세의 대학생이다.
부모님이 치킨을 좋아해 어려서부터 자주 먹었다. 절친은 치킨무다.
치킨무가 없었더라면 치킨을 좋아하지 않았을지도 모를 만큼, 그 존재는 절대적이다.

1 치킨은 얼마나 자주 먹나?
매일 먹고 싶지만 자금 부담과 건강 때문에 일주일에 한두 번만 먹는다.

2 자신의 치킨 취향은?
치킨 속까지 염지가 잘되어 있는지, 튀김옷이 바삭한지를 중요하게 생각한다. 그리고 뼈닭을 좋아한다. 뼈닭을 먹으면 부위마다 식감과 맛이 다른 것을 모두 느낄 수 있다.

3 치킨 메뉴 중 베스트 3는?
1위는 bhc의 '뿌링클'이고, 2위는 교촌치킨의 '교촌허니콤보', 3위는 대구에만 있는 뉴욕통닭의 '양념치킨'이다. 이 메뉴들은 모두 단맛과 짠맛의 조화로 명성이 나 있고, 나 자신도 달고 짠맛을 좋아한다. 뿌링클은 뿌링뿌링소스, 허니콤보는 바삭한 튀김옷, 뉴욕통닭은 달고나 같은 식감에 가산점을 주었다.

4 치킨이 가장 많이 생각나는 순간은?
시험이 끝나면 항상 치맥을 즐기는데, 이때는 후라이드 치킨만 먹는다. 바삭바삭 소리까지 맛있는 튀김옷을 씹다 보면 스트레스가 저절로 풀리기 때문이다. 한여름의 열대야에도 치맥 생각이 간절하다.

5 가장 최근에 먹었던 치킨과 그 맛은?
개강 후 찾아온 스트레스 때문에 매운 것이 먹고 싶어 교촌치킨의 '교촌레드콤보'를 먹었다. 하지만 교촌치킨은 역시 '교촌허니콤보'가 진리다.

6 치킨과 함께한 잊지 못할 추억이 있다면?
치맥페스티벌 다음 날이 치믈리에 자격시험이었다. 그런데 두 이벤트에서 연속으로 연예인 하하 씨를 보게 되어 신기했다. 대구에서는 연예인을 만나기가 쉽지 않기 때문에 나에게는 재미있고 특별한 경험이었다.

7 혼자만 알고 싶은 치킨집은?
내가 살고 있는 대구 수성구 범물동의 쉐프치킨이다. 후라이드 치킨을 시키면 초장보다 맛이 순한 양념장이 나오는데 특색 있고 맛있어서 자꾸 가게 된다.

8 치킨과 관련한 아이디어가 있다면?
치킨이 올라간 피자는 존재하지만, 피자가 올라간 치킨은 없다. 떠먹는 피자처럼 치킨을 도우로 만든 피자 치킨이 있으면 좋겠다.

9 치믈리에로서 '치부심'을 느낀 순간은?
친구들과 치킨을 먹을 때 친구들이 나에게 메뉴 선택권을 양보해서 매우 뿌듯했다.

10 자신에게 치킨이란?
생을 함께할 소울푸드다.

우진영 치믈리에

대학생 때부터 자취방 인근의 치킨들을 섭렵하면서 나름의 치킨 세계를 구축해왔다. 지금은 뼈만 보고도 치킨의 부위를 정확히 맞힐 수 있는 비범함을 겸비한 평범한 회사원이다.

1 치킨은 얼마나 자주 먹는가?

예전에는 일주일에 여섯 번 정도 먹었지만, 지금은 일주일에 두 번 정도 먹는다. 혼자 영화 보면서 먹는 치킨이 최고다.

2 '치킨' 하면 가장 먼저 떠오르는 세 가지는?

페리카나에서 맛볼 수 있는 마일드 치킨, KFC에서 맛볼 수 있는 핫크리스피치킨, 굽네치킨에서 맛볼 수 있는 구운 치킨.

3 치킨이 가장 많이 생각나는 순간은?

치킨은 배고플 때 항상 생각난다. 그 외에 선선한 봄이나 산책하기 좋은 가을에 맥주가 생각나면 치킨이 더욱 당긴다. 산책하다가 배민 앱으로 치킨을 주문하고, 집으로 돌아오는 길에 맥주를 사서 호젓하게 치맥하는 순간을 상상하는 것만으로도 행복하다.

4 순살 vs 뼈닭 중 당신의 선택은?

치킨은 당연히 뼈닭이다. 뜯어먹는 맛이 있어야 한다. 닭다리는 쥐고 뜯어야 하고, 날개 역시 입으로 발라내면서 먹어야 제맛이다. 때로 반찬으로 먹기에는 순살이 좋다.

5 맛있는 치킨의 기준은?

먹기 전부터 기분 좋게 만드는 냄새, 바삭하면서도 고소한 튀김옷, 감칠맛 나는 양념이라는 삼박자가 딱 맞는 치킨이야말로 최상의 치킨이다.

6 치킨과 떼려야 뗄 수 없는 짝꿍은?

맥주다. 치킨과 맥주는 짝꿍이 아니라 한 몸이라고 생각한다. 치킨을 많이 먹고 난 뒤의 느끼함을 곧바로 맥주로 해결할 수 있다. 맥주를 마신 후 입안에 남는 것은 치킨의 완벽한 맛뿐이다. 피츠와 클라우드가 적당하다.

7 치킨과 함께한 잊지 못할 추억이 있다면?

중학교 시절에 형이 사준 교촌치킨의 '교촌오리지널'을 먹었을 때를 잊지 못한다. 닭이라곤 삼계탕밖에 먹어본 적이 없었던 터라 이런 신세계가 있나 싶었다.

8 치킨과 관련한 아이디어가 있다면?

푸드코트를 볼 때마다 떠오르는 생각이 있다. 한 번에 여러 브랜드의 치킨을 맛볼 수 있는 '치킨코트'가 있다면 어떨까.

9 가장 최근에 먹었던 치킨과 그 맛은?

티바두마리치킨의 '마늘간장치킨'을 먹었다. 평소 간장치킨을 좋아하기도 했고, 여자친구의 추천을 적극 참고했다. 달짝지근한 맛과 마늘의 알싸함이 어우러져 좋았다.

10 치믈리에로서 '치부심'을 느낀 순간은?

평소 연락이 없던 친구가 어느 날 치킨을 추천해달라고 했을 때 뿌듯한 치부심을 느꼈다.

윤도권 치믈리에

주 3회 친구들과 치킨을 즐기는 26세 대학생이다.
최근에는 건국대학교 근처에서 배민 앱내 랭킹 1, 2, 3위
치킨집을 '도장깨기'하고 있다.

---

1 **치킨은 얼마나 자주 먹는가?**
주 3회 정도 친구들과 먹는다.
친구들은 치킨을 그렇게 좋아하지 않는데,
매번 함께 먹어준다. 나 때문에 고생한다.

2 **'치킨' 하면 가장 먼저 떠오르는 세 가지는?**
양념, 튀김옷, 맥주.

3 **치킨이 가장 많이 생각나는 순간은?**
해가 동쪽에서 떠서 서쪽으로 질 때까지니까
하루 종일이라고 답하는 게 맞을 것 같다.

4 **순살 vs 뼈닭 중 당신의 선택은?**
집에서는 뼈닭이고, 야외에서는 순살이다.

5 **가장 좋아하는 치킨 부위는?**
허벅지 살을 좋아한다. 초보자들은 허벅지 살의
존재를 모르거나 잘 찾지 못하므로 닭가슴살을
먹는 척하면서 눈치껏 재빨리 찾아 먹는다.

6 **치킨과 떼려야 뗄 수 없는 짝꿍은?**
단연코 치킨무다. 치킨무는 기름기 많은
후라이드를 먹을 때 느끼함을 잡아주고, 양념을
먹을 때는 매운맛을 중화시켜준다. 바나나칩에
양념소스를 찍어먹는 것도 좋아한다.

7 **치킨과 어울리는 음료를 추천한다면?**
맥주와 웰치스 포도맛이다. 치킨 먹을 때
가장 많이 찾는 음료들이다.

8 **치킨 주문 시 유용한 팁이 있다면?**
일단 많이 먹어봐야 한다. 별 수 없다. 나는 먹고
나서 맛있는 치킨은 반드시 새겨두는 편이다.
그리고 같은 프랜차이즈라 하더라도 지점마다 맛이
다르므로 마음에 드는 치킨집은 꼭 기억해둔다.

9 **치믈리에에 도전하는 분들에게 조언한다면?**
동네의 숨은 맛집 치킨도 좋지만, 치믈리에가
목표라면 프랜차이즈 치킨집 메뉴를 많이
먹어봐야 한다. 이른바 메이저라 불리는
브랜드들을 섭렵하는 게 우선이다.

10 **치믈리에로서 '치부심'을 느낀 순간은?**
상대방을 위해 치킨 뼈를 발라주면서 그 부위를
설명하거나 쉽게 살 발라내는 방법을 알려줄 때
치부심을 느낀다.

윤유상 치믈리에

임용고시를 준비 중인 27세의 학생이다.
기쁜 일이 생기면 맥주와 함께 치킨을 떠올리는 치킨덕후로,
치킨의 기본은 맛있는 닭이어야 한다고 생각하는 정통파다.

---

[1] **치킨은 얼마나 자주 먹는가?**
평균적인 수치로 답하기 힘들다. 먹고 싶다는 생각이 들면 그때마다 먹는다. 치킨과 닭강정, 통닭 등 모든 종류의 치킨을 다 잘 먹는다.

[2] **'치킨' 하면 가장 먼저 떠오르는 세 가지는?**
닭다리, 닭날개, 닭목.

[3] **맛있는 치킨의 기준은?**
튀김옷보다 닭이 중요하다고 생각한다. 닭이 맛있어야 치킨도 맛있다. 이 같은 기준으로 따져보면, 치킨 프랜차이즈 중에서는 굽네치킨의 '굽네 볼케이노'가 최고다.

[4] **치킨이 가장 많이 생각나는 순간은?**
맥주가 먹고 싶은 날 가장 당긴다. 기쁜 일이 있을 때 가장 먼저 생각나는 음식이기도 하다.

[5] **치킨과 떼려야 뗄 수 없는 짝꿍은?**
맥주다. 이유를 말하기 힘들 만큼 너무 당연하게 잘 어울린다.

[6] **치킨과 함께한 잊지 못할 추억이 있다면?**
대구로 여행 갔을 때 혼자 치맥을 즐겼던 일이 기억에 남는다. 그런 적이 처음이라 조금 어색했지만 그래도 맛있었다.

[7] **치킨 주문 시 유용한 팁이 있다면?**
치킨 프랜차이즈는 체인점 별로 맛의 격차가 심하기 때문에 누군가 치킨을 추천해주면 어느 지점이 맛있는지 반드시 물어보는 것이 좋다. 그리고 치킨집을 직접 방문해 치킨의 냄새나 모양, 전체적인 분위기 등을 잘 살핀 후 결정해야 실패할 확률이 낮다.

[8] **치킨과 관련한 아이디어가 있다면?**
치킨 뷔페가 있었으면 좋겠다. 여러 브랜드의 치킨을 한곳에서 모두 맛볼 수 있는 치킨 뷔페는 상상만 해도 행복하다.

[9] **치믈리에에 도전하는 분들에게 조언한다면?**
시험을 부담스러워하지 말았으면 좋겠다. 치킨을 정말 좋아한다면 당연히 합격할 수 있는 시험이다. 편안한 마음으로 공복을 유지한 채 시험장으로 향하길 바란다.

[10] **치믈리에로서 '치부심'을 느낀 순간은?**
내가 치믈리에임을 아는 사람들이 어떤 치킨을 주문하는 게 좋으냐고 진지하게 조언을 구할 때 치부심을 느낀다.

윤종하 치믈리에

교생 실습을 앞둔 26세의 예비 선생님이다.
후라이드 치킨을 최고로 여기며, 그 외에는 사문난적(斯文亂賊)이라 생각한다.
대가족이었기 때문에 치킨의 다양한 장르를 섭렵할 수 있었다.

---

1 **치킨은 얼마나 자주 먹나?**
예전에는 일주일에 두 번 정도 먹었는데,
요즈음에는 일주일에 한 번 정도로 줄였다.

2 **'치킨' 하면 가장 먼저 떠오르는 세 가지는?**
해외축구, 후라이드 치킨, 치믈리에.

3 **치킨이 가장 많이 생각나는 순간은?**
손흥민이 선발인 북런던 더비나 엘 클라시코 같은 중요한 축구경기가 열릴 때는 치킨을 먹으면서 보는 편이다. 그리고 한여름 더위에 지쳤을 때 어김없이 치맥과 치콜이 생각난다.

4 **치킨 메뉴 중 베스트 3는?**
1위는 쌀통닭의 '쌀통닭'이다. 닭고기를 싫어하는 여자친구도 잘 먹는 메뉴다. 달콤하면서도 매콤한 잠발라야 소스를 따로 주문해 쌀통닭을 찍어먹으면 색다른 맛을 느낄 수 있다. 2위는 오븐에빠진닭의 '크리스피 베이크'다. 맛이 참 깔끔하고 후라이드 치킨의 바삭한 식감이 뛰어나다. 3위는 굽네치킨의 '굽네 고추바사삭 순살'이다. 오븐에 구워내 칼로리가 적은 편이며, 마요네즈와 칠리소스를 더해 고소하면서도 매운맛을 내는 마블링 소스에 찍어 먹으면 좋다.

5 **맛있는 치킨의 기준은?**
고유의 색이 있어야 한다. 교촌치킨처럼 간장치킨으로 대한민국을 들썩이게 하든가, 처갓집양념치킨처럼 양념치킨 하나로 승부를 보는 등 자신만의 색깔을 가져야 한다. 물론 그렇다고 무리수를 두면 곤란하다.

6 **'이 치킨은 정말 내 스타일이 아니다'는 치킨이 있다면?**
도전정신이 지나치게 높은 치킨이다.
이 정도로만 말하겠다.

7 **자신의 치킨 취향은?**
예로부터 고기는 뼈에 붙은 고기가 맛있다고 했다. 그리고 결정적으로 뼈닭이 순살보다 저렴하다.

8 **치킨의 매력은?**
'외강내유'다. 겉은 바삭한데 안은 촉촉한 음식이 생각보다 많지 않다. 나를 포함한 사람들 모두가 치킨을 먹으며 외강내유를 배웠으면 좋겠다.
그리고 한 가지 매력을 더 말하자면 언제 어디든 배달이 된다는 점이다. 더 이상 무슨 말이 필요한가.

9 **치믈리에의 매력에 대해 간단히 설명한다면?**
2015년 기준으로 변호사 수가 2만 명을 넘었다. 그런데 치믈리에는 120명 정도다. 끌리지 않는가? 치믈리에 자격증이 있으면 선택권이 생긴다. 먹고 싶은 치킨을 합법적으로 당당히 시킬 수 있는 명분이 생긴다. 나는 이 방법으로 교촌치킨의 '교촌허니콤보'를 많이 먹었다.

10 **치킨과 관련한 아이디어가 있다면?**
짜장치킨이 나왔으면 좋겠다. 짜장라면이 의외로 호평을 받으니 치킨과 짜장 베이스 소스의 궁합이 궁금해졌다. 고추냉이맛 치킨이나 콘소메맛 치킨도 괜찮을 것 같다.

이다빈 치믈리에

회사에 다니며 학교도 다니는 23세의 직대딩이다.
두 달여 동안 일주일에 한 번 이상 한 브랜드의 치킨을 먹었던 적이 있는데, 당시 단골로서 그 치킨집의 지역 광고에 출연하기도 했다. 그때부터 본격적인 치킨덕후의 길을 걷고 있다.

1 치킨은 얼마나 자주 먹는가?
요즘은 바빠서 치킨을 자주 먹지 못하지만, 그래도 2주일에 한 번 정도 먹는다.

2 '치킨' 하면 가장 먼저 떠오르는 세 가지는?
퇴근, 쿠폰, 배달의민족.

3 치킨 메뉴 중 베스트 3는?
치킨 박애주의자이기 때문에 순위를 정하지 않고 메뉴 세 가지를 말하겠다. 놀란치킨의 '어니언치킨'은 치킨과 풍부한 양의 양파, 데리야키 소스, 어니언 소스가 어우러져 최상의 조화를 이룬다. 맥주를 곁들이면 금상첨화다. 관악구 봉천동 현대시장에 위치한 털보닭집의 '간장치킨'은 갈비양념맛이 매력적이며, 송송 썬 대파를 올려 식감까지 좋다. 노랑통닭의 '엄청 큰 후라이드치킨'은 바삭함이 그야말로 일품이다.

4 치킨이 가장 많이 생각나는 순간은?
회사에서 힘든 일이 있었거나 누군가를 욕하고 싶을 때 치킨이 매우 당긴다.

5 맛있는 치킨의 기준은?
맛있는 치킨은 먹고 난 다음 날에도 생각나는 치킨이다.

6 치킨과 떼려야 뗄 수 없는 짝꿍은?
함께 먹는 사람들이다. 아무리 맛있는 치킨이라도 혼자 먹으면 그렇게 맛있는 것 같지 않다. 사람들과 함께 먹으며 많은 이야기를 나누고 여러 감정을 교류할 때 치킨의 맛이 배가된다.

7 치킨과 함께한 잊지 못할 추억이 있다면?
지코바치킨의 치밥이 인기를 끌기 시작할 때 내가 살고 있는 서울에는 지코바치킨 매장이 없어서 참 아쉬웠다. 그러다 서울에도 지코바치킨 매장이 생겼는데, 그 매장이 바로 우리 동네에서 문을 열었던 것이다. 집으로 향하는 마을버스 안에서 배민 앱으로 지코바치킨의 '지코바 양념치킨'을 주문하고 집에 도착해 곧바로 먹었던 환희의 순간을 아직도 잊지 못한다.

8 가장 최근에 먹었던 치킨과 그 맛은?
치킨플러스의 '핫쵸킹'을 먹었다. 튀김옷이 바삭하면서 쫀득했다. 내 입맛에 알맞게 매웠고, 간장 양념과 고춧가루, 땅콩 가루의 조화가 뛰어났다. 첫 주문 때 무료로 주는 사이드 메뉴인 떡볶이가 그 어느 분식집보다 맛있어 놀라기도 했다.

9 치믈리에에 도전하는 분들에게 조언한다면?
치믈리에 자격시험을 보는 당일에 시험장으로 이동하는 시간 동안 배민 앱을 통해 다양한 치킨 브랜드의 메뉴들을 꼼꼼히 살펴보기 바란다. 배민 앱에는 치킨에 어떤 식재료가 들어가는지 등 치킨에 대한 설명이 매우 상세하게 나와 있다.

10 치믈리에로서 '치부심'을 느낀 순간은?
친구가 갑자기 연락해 치킨을 추천해달라고 부탁할 때 치부심을 느낀다. 신중에 신중을 기해야 하는 치킨 메뉴의 선택을 나를 믿고 부탁하니 말이다.

이도윤 치믈리에

페리카나를 통해 치킨에 입문한 29세의 화가다.
일본 유학 시절 가장 그리워한 음식이 치킨일 정도로 치킨을 사랑하며,
평생 탐미하고 싶은 음식 또한 치킨이다.

---

[1] **치킨은 얼마나 자주 먹는가?**
일주일에 두세 번 먹는다. 여자친구가 치킨을 별로 좋아하지 않아 주로 혼자 먹는다.

[2] **'치킨' 하면 가장 먼저 떠오르는 세 가지는?**
행복, 신의 은총, 완전식품.

[3] **치킨이 가장 많이 생각나는 순간은?**
살다 보면 문득 고기가 몹시 당기는 날이 있는데, 그런 날 치킨이 생각난다. 단, 바삭한 식감을 좋아하기 때문에 고기가 당기더라도 치킨이 눅눅해질 수 있는 습한 날에는 잘 먹지 않는다.

[4] **치킨집 중 베스트 3는?**
1위는 '후라이드참잘하는집'이다. 닭의 염지나 튀김옷의 바삭함이 아주 훌륭하고, 가슴살의 부드러움도 뛰어나다. 맛있는 치킨을 좋은 가격에 선보이는 최고의 집이다. 2위는 '아웃닭'이다. 촉촉한 육질에 네 가지 양념소스로 다채로움을 즐길 수 있다. 3위는 '교촌치킨'이다. 무엇보다 담백하며, 소스를 붓으로 발라 섬세한 맛을 더한다. 한 달에 한 번 이상 들르는 곳이기도 하다.

[5] **치킨과 함께한 잊지 못할 추억이 있다면?**
일본에서 유학하던 시절에 '긴자 캔들(Ginza Candle)'이라는 레스토랑에서 '원조! 세상에서 가장 맛있는 치킨 바스켓'이라는 메뉴를 주문해서 먹었다. '세상에 이렇게 맛있는 치킨도 있구나' 할 정도로 환상 그 자체였다. 정말 부드럽고 촉촉하면서도 바삭하고 고소했다.

[6] **가장 최근에 먹었던 치킨과 그 맛은?**
후라이드참잘하는집의 치킨이다.
시식평은 앞에서 설명한 바와 같으므로 참고하길 바란다. 치킨 마니아라면 이곳의 치킨을 꼭 맛보라고 권하고 싶다.

[7] **가장 좋아하는 치킨 부위는?**
닭다리다. 육즙 가득한 속살과 부드럽게 씹히는 식감이 늘 나를 감탄하게 만든다.

[8] **치킨과 떼려야 뗄 수 없는 짝꿍은?**
맥주와 웨지감자다. 한 가지를 더 말해도 된다면 어니언크림 드레싱 샐러드도 빼놓을 수 없다.

[9] **치킨 주문 시 유용한 팁이 있다면?**
리뷰에 관한 이야기를 하지 않을 수 없다. 나는 후한 점수보다 나쁜 점수 위주로 평가를 살피는 편이다. 리뷰 가운데 공통적인 불만사항이 중복되어 올라오면 그 집은 피한다. 문제점을 개선하지 않는 매장이라 생각되기 때문이다.

[10] **치킨의 매력은?**
호불호가 적기 때문에 여럿이 즐기기 좋다.
아울러 다른 종류의 고기 요리에 비해 가격이 저렴해 가성비가 갑일 뿐 아니라 다음 날 또 먹어도 맛있다. 한마디로 흠잡을 데 없이 매력적인 음식이다.

이수빈 치믈리에

치킨무와 콜라, 매운맛을 사랑하는 디자이너다.
다양한 브랜드의 매운맛 치킨을 즐겨먹으며
치킨이 각기 다른 매력으로 맛있음에 즐거움을 느낀다.

---

[1] 치킨은 얼마나 자주 먹는가?
주로 가족과 2주일에 한 번 정도 먹는다.

[2] 치킨이 가장 많이 생각나는 순간은?
치킨은 저녁이나 야식으로 제격이다. 사실 자기 전에 가장 먹고 싶은데 치킨이 없을 때는 치킨 먹는 ASMR을 듣는다. ASMR을 들은 다음 날에는 치킨을 꼭 먹는 편이다.

[3] 맛있는 치킨의 기준은?
식감을 살리고 기본에 충실한 치킨이다. 이렇게 말하면 후라이드파 같지만 사실 나는 양념파다. 그래서 바삭한 식감과 맛있는 양념을 함께 즐길 수 있는 교촌치킨의 '교촌레드콤보'를 좋아한다.

[4] 치킨과 관련한 아이디어가 있다면?
교촌치킨의 '교촌레드콤보'와 '교촌허니콤보'로 구성된 반반세트가 있으면 좋겠다.

[5] 치킨과 함께한 잊지 못할 추억이 있다면?
여의도 한강공원에서 벚꽃과 함께한 치킨이 인상 깊다. 허허벌판에서 주문한 치킨이었고, 주소를 정확히 말하지 못했는데도 배달은 완벽했다. 역시 우리는 배달의민족이었다.

[6] 치킨의 매력은?
치킨은 한 마리의 닭일 뿐인데, 영양 보충은 물론 즐거운 시간을 더 즐겁게 해준다. 먹으면서 해소되는 스트레스도 치킨의 매력으로 빼놓을 수 없다.

[7] 치킨 주문 시 유용한 팁이 있다면?
대개 앱을 이용해서 치킨을 주문한다. 특히 신제품이나 처음 먹어보는 치킨은 아무래도 리뷰를 찾아보고 주문하게 되므로 자연스럽게 배달앱을 이용하게 된다.

[8] 혼자만 알고 싶은 치킨집은?
동네에 정말 맛있는 치킨집이 있었는데 지금은 사라졌다. 번화가가 아닌 이상 주택가에 위치한 치킨집은 살아남기 어려운 것 같다. 매우 아쉽다.

[9] 치믈리에에 도전하는 분들에게 조언한다면?
매운 치킨을 즐기다 보니 블라인드 테스트가 어렵게 느껴지기는 했다. 후라이드 치킨은 하나도 모를 정도였다. 치믈리에가 되려면 평소 여러 브랜드의 다양한 치킨을 먹어보는 것이 유리하다.

[10] 치믈리에로서 '치부심'을 느낀 순간은?
배달의민족에서 집으로 보내준 치믈리에 자격증을 볼 때마다 가슴이 뿌듯하다.

이승헌 치믈리에

섬세한 미각을 소유한 38세의 커피 로스터다.
치믈리에 자격시험 이전에도 '치킨 감별사' 같은 게 있었으면 재미있을 것 같다는 생각을 했을 만큼 치킨을 좋아한다.

[1] 치킨은 얼마나 자주 먹는가?
일주일에 두세 번 먹는다. 집에서는 치킨 킬러인 동생과 즐기고, 밖에서는 친구들이나 거래처 사람들과 함께 먹는다.

[2] 자신의 치덕 입문기를 간략히 설명한다면?
1987년에 입문했다. 이서방양념치킨과 처갓집양념치킨을 사랑했고, 유년기에는 사또치킨, 림스치킨 같은 고전 브랜드와 함께 성장했다. 최근에는 bhc의 치킨을 즐겨먹는다. 어느덧 치덕 32년차다.

[3] '치킨' 하면 가장 먼저 떠오르는 세 가지는?
통닭, 불닭, 찜닭.

[4] 맛있는 치킨의 기준은?
닭고기의 수분 손실을 최소화해 겉은 바삭하며 속은 쫄깃하고 촉촉하게 튀긴 치킨이 최고다. 튀김옷 또한 빼놓을 수 없는 요소다. 튀김옷이 두꺼우면 치킨이 금방 눅눅해지고 느끼해져 맛이 없으므로 얇은 튀김옷을 선호한다.

[5] 양념 vs 후라이드 중 당신의 선택은?
늘 시키기 전부터 압박감에 사로잡혀 양자택일의 딜레마에 빠지곤 한다. 반반이라는 선택지가 존재해서 다행일 따름이다.

[6] 치킨과 함께한 잊지 못할 추억이 있다면?
2002년 한일 월드컵에서 포르투갈과의 조별예선 최종전이 열리던 당시 'Go! KOREA, red chicken devils'라는 문구를 새긴 붉은 티셔츠를 100여 명이 맞춰 입고 응원했던 치킨 파티가 기억난다. 경기 전을 치킨과 맥주로 시작했으며, 16강 진출 이후를 치킨과 맥주로 축하했다.

[7] 혼자만 알고 싶은 치킨집은?
대림동에 50년 가까이 한자리를 지켜온 삼우치킨센타다. 염지하지 않은 작은 닭에 짭짤한 튀김옷을 입혀 맛있게 튀겨내는 집이다. 기본에 충실하다는 느낌을 주는 부암동의 계열사도 나 혼자만 알고 싶지만, 추천하고도 싶은 집이다.

[8] 치믈리에에 도전하는 분들에게 조언한다면?
테이스팅(tasting)은 암기다. 지금 먹는 음식의 맛을 느끼는 게 아니라 예전에 먹어봤던 맛을 기억해내는 것이다. 이 점을 기억하기 바란다. 치킨의 맛을 잘 모를 때는 식은 치킨을 맛보면 도움이 된다.

[9] 치믈리에로서 '치부심'을 느낀 순간은?
가끔 치킨과 관련한 화제가 떠올라 나의 미려한 지식을 자랑하게 되었을 때, 그리고 배달의민족에서 보내준 치믈리에 자격증을 볼 때 치부심이 상승한다.

[10] 자신에게 치킨이란?
일상, 아니 매일 먹는 밥과 같다.

이원준 치믈리에

치킨을 좋아해 자연스럽게 치킨덕후가 된 24세의 대학생이다.
저녁 8시가 되면 치킨이 절로 당기는 신기한 경험을 하고 있다.
가끔씩 새로 나온 치킨 메뉴도 먹어보며 맛을 평가해보는 치킨덕후다.

1 치킨은 얼마나 자주 먹는가?
연인이나 가족이나 친구와 함께 일주일에 세 번 정도 먹는다. 주로 하루를 정리하는 저녁에 맥주와 함께 즐긴다.

2 '치킨' 하면 가장 먼저 떠오르는 세 가지는?
맥주, 맥주, 콜라다. 맥주는 두 번 강조해도 모자람이 없다.

3 치킨 메뉴 중 베스트 3는?
1위는 교촌치킨의 '교촌허니콤보'다. 적당히 바삭한 식감이 단연 최고다. 2위는 BBQ의 '자메이카 통다리 구이'다. 기분 좋게 부드럽고, 간이 센 편이라 맥주와 잘 어울린다. 3위는 KFC의 '핫크리스피치킨'이다. 굉장히 바삭바삭하고 밑간이 제대로 되어 있어서 맛있다.

4 맛있는 치킨의 기준은?
밑간과 염지가 적절히 되어 있고 튀김옷은 바삭하되 잇몸을 다치게 하지 않을 정도의 치킨이 맛있다. 개인적인 취향은 뼈닭 후라이드 치킨인데, 여기에 양념소스를 찍어먹는 것을 선호한다.

5 가장 좋아하는 치킨 부위는?
물론 닭다리다. 그리고 닭다리 윗부분인 넓적다리 살을 최대한 빨리 집는 편이다.

6 치킨과 함께한 잊지 못할 추억이 있다면?
여자친구와 영화를 보며 교촌치킨의 '교촌허니콤보'와 맥주를 즐겼던 추억이 떠오른다.

7 치킨과 떼려야 뗄 수 없는 짝꿍은?
맥주와 콜라다. 치킨을 계속 즐겁게 먹도록 도와주는 고마운 친구들이다.

8 치킨 주문 시 유용한 팁이 있다면?
우선 리뷰를 쭉 훑어보고 괜찮다 싶은 치킨집을 발견하면 직접 매장에 전화를 걸어 주문한다. 그 치킨집에 내 전화번호를 남기는 게 단골이 되는 지름길이지 않을까 싶다.

9 치믈리에 자격시험에 응시하게 된 계기는?
평소에 치킨을 함께 즐기는 여자친구와 추억거리도 만들 겸 응시했다. 다행히 그동안 우리가 먹었던 치킨이 헛되지 않았다. 현재 우리는 커플 치믈리에다. 치믈리에 자격시험을 잘 보기 위한 팁을 주자면 유명한 치킨 브랜드들의 유명 치킨들을 최대한 맛보며 구분하는 연습을 해보는 것이다.

10 치믈리에로서 '치부심'을 느낀 순간은?
친구들이 집에 와서 치킨을 시켜먹을 때 치부심을 느낀다. 친구들이 나의 치믈리에 자격증을 보고 나면 치킨 선택권을 매번 나에게 넘긴다.

이진호 치믈리에

"나를 만든 건 8할이 치킨"이라고 말하는 공대생이다.
8세부터 치킨과 함께해왔을 만큼 치킨은 오래된 친구이자 가족이며 동반자다.

1 **치킨은 얼마나 자주 먹는가?**
30kg을 감량한 지금도 음식에 신경 써야 하기 때문에 치킨을 마음껏 먹지는 못한다. 전날 단식을 한 후 다음 날 치킨을 먹거나 가끔씩 KFC나 미니스톱에서 조각 치킨을 먹으며 치킨 사랑을 실천하고 있다.

2 **'치킨' 하면 가장 먼저 떠오르는 세 가지는?**
BBQ, BBQ 후라이드 치킨의 향, 맛.

3 **치킨이 가장 많이 생각나는 순간은?**
배고플 때, 기쁠 때, 슬플 때, 외로울 때, 힘이 없을 때, 길을 걸을 때, 수업을 들을 때, 공부할 때, 운동할 때, 일할 때, 그리고 지금이다.

4 **맛있는 치킨의 기준은?**
튀김옷이 두꺼운 크리스피 스타일에 퍽살도 맛있는 치킨이 나의 기준이랄까? 그리고 무조건 뼈닭이다. 뼈 없는 치킨은 술 마실 때나 사람이 많을 때 필요할 뿐이라고 생각한다. 치킨을 즐길 때는 부위별로 다양한 맛을 보여주는 뼈닭을 먹어야 한다.

5 **자신의 베스트 치킨은?**
BBQ의 '황금올리브치킨'이다. 이름만 들어도 눈물이 날 것 같다. 가장 많이 먹은 치킨이며 양념이나 시즈닝 없이도 이렇게 맛있을 수 있음에 감탄한다. 정말로 사랑한다.

6 **치킨과 떼려야 뗄 수 없는 짝꿍은?**
콜라다. 치맥보다는 치콜이 좋고, 덧붙여 펩시보다는 코카콜라가 좋다.

7 **가장 최근에 먹었던 치킨과 그 맛은?**
얼마 전에 오랜 친구를 만나 적당한 가격의 화이트 와인과 함께 교촌치킨의 '교촌허니콤보'를 사줬다. 정말 만족스러운 식사였다.

8 **치킨과 함께한 잊지 못할 추억이 있다면?**
재수생 시절에 설악산에 있던 고시원에서 먹은 BBQ 치킨과 만석닭강정의 닭강정을 잊을 수 없다. 당시 지독히도 외롭고 끔찍하게 추운 겨울을 보내며 매일같이 가위에 눌렸고, 기초가 탄탄하지 못해 남들보다 훨씬 많이 공부해야 했기에 고통스런 나날을 보내고 있었다. 그러던 어느 날 고시원 근처에서 BBQ를 발견하고 용돈을 아껴가며 치킨을 사먹었다. 가끔은 속초 중앙시장의 만석닭강정에서 닭강정을 사먹었다. 치킨과 닭강정을 먹는 순간만큼은 외로움도 슬픔도 다 잊을 수 있었다.

9 **치킨 주문 시 유용한 팁이 있다면?**
치킨은 무조건 지점별로 차이가 있다. 그래서 꽤나 예민하게 치킨 리뷰를 훑는 편이다. 악플일수록 더 신중하게 읽는다. 그리고 어느 정도 확신이 서면 주문한다.

10 **치믈리에로서 '치부심'을 느낀 순간은?**
치킨과 관련된 이야기를 재미 삼아 말했는데 사람들의 반응이 좋으면 치부심을 느낀다. 내가 추천해준 치킨이 성공적이었다는 말을 들을 때도 치부심을 느낀다.

이청 치믈리에

27세의 대학원생이다.
치믈리에가 된 후 치킨 먹을 때마다 치부심을 느끼는 중이다.
다양한 치킨을 먹다 보니 치킨에 대한 풍부한 경험과 식견을 쌓게 되었다.

---

[1] **치킨은 얼마나 자주 먹는가?**
다른 치믈리에에 비해 많이 먹지 않는 편이다. 한 달에 한두 번 먹는다.

[2] **'치킨' 하면 가장 먼저 떠오르는 세 가지는?**
다리, 가슴, 날개.

[3] **치킨 메뉴 중 베스트 3는?**
1위는 쌀통닭의 '쌀통닭'이다. 후라이드 치킨 특유의 담백한 맛이 매우 뛰어날 뿐 아니라 라이스칩도 들어 있어 다양한 식감을 선사한다.
2위는 교촌치킨의 '교촌허니오리지널'이다. 짭짤함과 달콤함의 조화가 예술이다.
3위는 후라이드 치킨의 정석 같은 BBQ의 '황금올리브치킨'이다.

[4] **치킨과 떼려야 뗄 수 없는 짝꿍은?**
TV와 비닐장갑이다. 나는 치킨을 먹을 때 꼭 위생장갑을 끼고 먹는다. 맨 먼저 닭가슴살부터 먹는데, 다이어트를 외치면서도 치킨을 시키는 나의 이율배반적 태도를 조금이라도 무마하고 싶기 때문이다.

[5] **치킨과 함께한 잊지 못할 추억이 있다면?**
치믈리에 자격시험에서 실기시험 때 먹었던 치킨을 잊을 수 없다. 여러 종류의 치킨을 한 번에 맛보면서 각 치킨 브랜드의 고유한 맛을 다시금 확인하는 시간이 즐거웠다.

[6] **치킨의 매력은?**
먼저 가족과 함께하는 시간을 마련해준다는 점이다. 나는 치킨을 주로 가족과 함께 먹는데, 그 시간이 참 즐겁다. 두 번째로 할 말이 없을 때 대화의 주제를 만들어준다. 소개팅 자리에서 꺼내도 좋은 주제가 바로 치킨이다. 마지막으로 양보와 배려를 실천할 수 있도록 도와준다는 점이다. 닭가슴살처럼 퍽퍽한 부위를 먹으며 닭다리를 양보하는 미덕을 실천하면 주변 사람들에게 좋은 평판을 얻을 수 있지 않을까.

[7] **맛있는 치킨의 기준은?**
맛있는 치킨의 기준을 딱 정해놓고 그 기준에 부합하는 치킨만 먹는 것보다 그날그날 기분에 따라 먹고 싶은 치킨을 선택하는 편이다.

[8] **치킨 주문 시 유용한 팁이 있다면?**
주문하기 전에 배민 앱에서 리뷰를 꼼꼼히 살피는 편이다. 리뷰에서 사진을 보며 메뉴 구성이나 상세한 설명을 참고한다.

[9] **가장 최근에 먹었던 치킨과 그 맛은?**
쌀통닭의 '쌀통닭'이다. 모든 치킨을 통틀어 가장 좋아하는 치킨이다.

[10] **치믈리에에 도전하는 분들에게 조언한다면?**
시험이지만 시험이라는 틀에 얽매어 너무 진지하게 매달리지 말고 자신이 좋아하는 분야를 즐기는 마음으로 임하라고 말하고 싶다. 나 또한 딱히 긴장하지 않고 치킨을 즐겼던 것이 합격의 비결이 아니었나 싶다.

이하늘 치믈리에

소프트웨어 개발을 공부하고 있는 26세의 대학생이다. 음식을 매우 즐기는 편인데, 특히 치킨을 좋아한다. 대학에 들어가면서 치킨을 접할 기회가 굉장히 많아져 본격적으로 치킨을 먹기 시작했다. 이제는 치킨맛에 대한 주관까지 정립한 상태다.

[1] **치킨은 얼마나 자주 먹는가?**
일주일에 한 번 정도 먹는다.

[2] **'치킨' 하면 가장 먼저 떠오르는 세 가지는?**
Guilty pleasure(치킨은 살 안 찌지만, 나는 살찐다), 치킨을 함께 즐기는 친구들, 개그맨 문세윤의 치킨 발골쇼.

[3] **혼자만 알고 싶은 치킨집이 있다면?**
방배역 3번 출구 근처에 위치한 오유니 통닭이다. 정말 맛있는 후라이드 치킨을 판다. 그곳의 '야채통닭'은 튀김 반죽에 다양한 채소를 넣기 때문에 치킨과 야채튀김을 동시에 먹는 기분이다.

[4] **치킨이 가장 많이 생각나는 순간은?**
하루가 굉장히 힘들었을 때나 정말 짜증나는 일이 생겼을 때 생각난다. 날씨보다는 기분의 영향을 많이 받는 편이다.

[5] **맛있는 치킨의 기준은?**
맛있는 치킨은 처음 한입과 마지막 한입의 맛이 한결같아야 한다. 먹는 도중에 질리는 게 아니라 마지막까지 맛의 즐거움이 지속되어야 한다. 심심하기만 해서도 안 되고, 지나치게 자극적이어도 안 된다. 이러한 조건을 잘 갖춘 치킨은 대부분 양념치킨인데, 좋은 예로 지코바치킨의 '지코바 양념치킨'을 들 수 있다.

[6] **치킨과 떼려야 뗄 수 없는 짝꿍은?**
치킨을 고르는 것부터 먹고 치우는 과정이 내게는 행복지수가 올라가는 일이다. 혼자만의 공간에서 치킨을 근사하게 차려놓고 먹는 것을 좋아한다. 치킨을 먹기 전에 치킨무를 예쁜 그릇에 담고, 뼈를 모아놓을 그릇도 함께 준비한다. 치밥을 먹기로 한 날에는 밥과 반찬들도 놓는다. 그리고 영화나 드라마를 틀어놓은 뒤 일회용 장갑을 끼고 조용하게 치킨을 즐긴다. 내가 생각하는 치킨의 짝꿍은 '혼자만의 공간'이다.

[7] **치킨과 함께한 잊지 못할 추억이 있다면?**
사회생활을 시작하면서 유독 힘들었던 날이 있었다. 그날 저녁에 치킨을 시키려는데 누군가 지코바 양념치킨이 맛있다고 한 말이 생각나 곧바로 가장 매운맛으로 주문했다. 정말로 매웠다. 하지만 맛있어서 멈출 수 없었고, 치킨을 다 먹고 나니 종일 안 좋았던 기분이 싹 사라졌다.

[8] **가장 최근에 먹었던 치킨과 그 맛은?**
호식이두마리치킨의 '불짬뽕치킨 패키지'다. 온라인 리뷰들이 좋아서 주문해보았는데, 매콤하고 불맛이 난다는 점이 마음에 들었다.

[9] **치킨과 관련한 아이디어가 있다면?**
치킨만을 다루는 전문 잡지가 발간되면 재미있을 것 같다.

[10] **치믈리에로서 '치부심'을 느꼈던 순간은?**
사람들에게 맛있는 치킨을 추천해주고 긍정적인 피드백을 받았을 때 가장 보람을 느낀다.

임보영 치믈리에

26세의 대학원생이자 심리상담사다.
평소 호기심과 즐거움을 자극하는 일에 뛰어들기 좋아한다.
치믈리에 자격시험에 도전한 것도 같은 맥락이다.

[1] **치킨은 얼마나 자주 먹는가?**
많이 먹을 때는 일주일에 세 번 이상 먹는다.

[2] **'치킨' 하면 가장 먼저 떠오르는 세 가지는?**
야식, 맥주, 남자친구.

[3] **자신의 치킨 취향은?**
기본에 충실한 치킨이 좋다. 양념치킨보다는 후라이드 치킨, 뼈닭보다는 순살로 주로 주문한다. 뼈에 붙은 살이 먹고 싶을 때에는 닭날개나 닭봉으로만 구성된 메뉴를 먹는다.

[4] **가장 최근에 먹었던 치킨과 그 맛은?**
피자나라 치킨공주의 '피치세트'다. 피자와 치킨을 함께 먹을 수 있는데도 가격이 저렴한 편이서 맛없을 거라 의심할지도 모르지만 전혀 그렇지 않다. 맛있는 것만 먹기에도 삶은 짧다고 생각하는 내가 만족하는 메뉴다. 주로 성수화양점을 애용한다.

[5] **혼자만 알고 싶은 치킨집은?**
건국대학교 근처에 있는 해남닭집이다. 여느 프랜차이즈 업체의 치킨보다 맛이 뛰어나며, 메뉴 중에서 특히 생닭을 바로 튀겨 만든 '후라이드치킨'과 '닭강정'이 맛있다. 그리고 '토마토커리 순살치킨'과 '쉑쉑양꼬치킨' 등의 이색 메뉴가 다채로운 치킨플러스도 빼놓을 수 없다.

[6] **치킨과 함께한 잊지 못할 추억이 있다면?**
어느 날 남자친구와 함께 공부하다 멕시카나치킨의 '땡초 치킨'을 주문해서 먹으며 '심시티'라는 게임을 하고 있었다. 그때 함께 들었던 음악이 장범준의 〈홍대와 건대 사이〉였는데, 남자친구가 갑자기 펑펑 울기 시작했다. 왜 우냐고 물었더니, "지금 이 장면이 너무 평화로워서 운다"고 했다. 지금도 땡초 치킨을 먹으면 그때 생각이 난다.

[7] **치믈리에로서 '치부심'을 느낀 순간은?**
치믈리에 자격증을 받는 그 순간 치부심이 솟아오르는 것을 느꼈다. 10문 10답 인터뷰를 작성하는 이 순간에도 치부심을 느낀다.

[8] **치킨 주문 시 유용한 팁이 있다면?**
배달앱의 리뷰를 자세히 본다. 리뷰를 정독하다 보면 사람들이 정말 맛있어서 올린 내용인지, 쿠폰이나 사이드 메뉴를 받기 위해 올린 내용인지 구분이 된다. 정말 맛있어서 올린 리뷰를 적극적으로 참고한다.

[9] **치킨과 관련한 아이디어가 있다면?**
얼마 전 한 TV 프로그램에서 치킨을 라면과 함께 먹는 걸 보았다. 유니크하고 맛있는 치킨 라면 세트가 생긴다면 먹어보고 싶은 마음이 간절하다.

[10] **자신에게 치킨이란?**
놀이기구를 다양하게 갖춘 놀이터다!

장한결 치믈리에

대학교 2학년이다.
치킨을 원래 좋아했는데, 대학교에 치킨동아리 '피닉스'가 있어 자연스럽게 멤버가 되었다. 지금은 피닉스 회장으로 활동하고 있다.

1 '치킨' 하면 가장 먼저 떠오르는 세 가지는?
삶, 죽음, 10호 닭.

2 치킨이 가장 많이 생각나는 순간은?
특히 시험기간에 치킨이 당긴다. 지금 다니고 있는 대학교의 중앙도서관이 조금 건조한 분위기다. 그런 도서관에서 시험공부를 하다가 문제가 안 풀리면 치킨집에 가서 치맥을 하며 배도 채우고 목도 축인다. 그러면 다음 날 공부가 잘될 것 같은 느낌마저 든다.

3 맛있는 치킨의 기준은?
튀김옷과 닭고기가 잘 어울리는 치킨이 맛있는 치킨이라고 생각한다. 튀김옷과 닭고기가 따로 노는 치킨을 보면 화가 난다.

4 치킨과 떼려야 뗄 수 없는 짝꿍은?
치킨의 짝꿍으로 맥주도 좋지만, 요즘은 콜라가 좋다. 후라이드 치킨과 콜라의 라이트함이 참 잘 어울린다.

5 치킨의 매력은?
치킨에 관심 없는 사람이 있을 수 있을까? 모두가 좋아한다는 것, 그것이 매력이다.

6 치킨과 함께한 잊지 못할 추억이 있다면?
어린 시절에 가족과 함께 서울광장에서 KFC 치킨을 먹으며 놀았던 기억이 난다. 분수대 앞에서 뛰어놀다 힘들면 KFC 비스켓에 딸기잼을 찍어 먹고 나서 치킨을 먹었는데, 정말 꿀맛이었다.

7 가장 최근에 먹었던 치킨과 그 맛은?
최근 치킨플러스의 '꿔바로우 치킨'을 먹었다. 꿔바로우 치킨은 웬만한 전문점의 치킨보다 맛이 뛰어나면서도 가격은 저렴한 편이다. 요즘은 치킨플러스의 치킨들을 자주 주문해서 먹고 있다.

8 편의점 치킨을 먹어보았는가?
편의점 치킨을 먹는다면 미니스톱으로 향하길 바란다.

9 치킨과 관련한 아이디어가 있다면?
치킨 뷔페가 생기길 바란다. bhc와 교촌치킨, BBQ가 컬래버레이션해 치킨 뷔페를 오픈한다면 더없이 행복할 것 같다.

10 치믈리에에 도전하는 분들에게 조언한다면?
모두가 시험에 열심히 임해서 꼭 치믈리에가 되었으면 좋겠다. 치믈리에면서 대학생이라면 동기들끼리 치킨을 먹을 때 치킨 선정 우선권을 획득할 확률이 매우 높다.

전유정 치믈리에

나이는 철저히 비밀인 큐레이터다.
치맥의 맛을 알기 위해 치킨에 입덕한 후 빠져나오지 못하고 있다.
덕분에 치킨을 맛있게 먹고, 더불어 몸무게도 늘리고 있는 중이다.

---

[1] **치킨은 얼마나 자주 먹는가?**
주 3회는 기본 아니겠는가? 요즘은 치킨의 종류가 너무 많다. 그 다양함을 충분히 경험하기 위해 더 자주 먹으려고 노력하고 있다.

[2] **'치킨' 하면 가장 먼저 떠오르는 세 가지는?**
생맥주, 캔맥주, 병맥주.

[3] **치킨 메뉴 중 베스트 3는?**
1위는 처갓집양념치킨의 '슈프림 양념치킨'이다. 처갓집양념치킨의 모든 양념치킨은 진리다. 무엇을 먹든 실망할 수가 없다. 2위는 한남동에 위치한 한방통닭의 '한방통닭'이다. 바삭한 껍질과 담백한 속살, 고소한 영양밥이 매력적이다. 3위는 땅땅치킨의 '서울치킨'이다. 땅땅치킨의 고향인 대구에 사는 친척이 추천해주었다. 매콤한 양념소스와 닭다릿살, 떡의 조화가 환상적이다.

[4] **치킨이 가장 많이 생각나는 순간은?**
미친 듯이 운동하고 샤워를 마친 뒤 시원한 생맥주가 생각날 때 치킨이 너무 당긴다. 그리고 봄바람이 살랑살랑 불면 후라이드 치킨이, 뜨거운 여름이면 불닭이, 쌀쌀한 가을에는 전기구이 통닭이, 추운 겨울에는 양념치킨(뜨뜻한 온돌 바닥과 차가운 맥주도 함께여야 한다)이 생각난다.

[5] **맛있는 치킨의 기준은?**
지금 먹고 있는데, 내일 또 먹겠다는 생각이 들도록 만드는 것이야말로 맛있는 치킨의 기준이다.

[6] **치킨과 떼려야 뗄 수 없는 짝꿍은?**
'치맥'이라는 단어가 괜히 생긴 게 아니다. 치킨과 맥주는 환상의 짝꿍이다.

[7] **혼자만 알고 싶은 치킨집은?**
BBQ 패밀리타운점이다. BBQ 본사 1층에 있는 레스토랑 분위기의 치킨집으로, 치킨도 맛있고, 인테리어도 근사하다.

[8] **가장 최근에 먹었던 치킨과 그 맛은?**
최근 굽네치킨의 '굽네 갈비천왕'을 먹었다. 갈비 양념이 제대로인 이 치킨은 부드럽고 달달한 맛이 끝내준다. 나는 물론 부모님의 사랑까지 듬뿍 받고 있다.

[9] **치킨과 관련한 아이디어가 있다면?**
이벤트로 치킨 한 마리를 다 먹은 후 남은 뼈로 치킨 한 마리 모양을 만들면 치킨 한 마리 또는 맥주 한 잔을 주는 치킨집이 있으면 좋겠다.

[10] **치믈리에로서 '치부심'을 느낀 순간은?**
한때 카톡 프로필 사진을 치믈리에 자격증 사진으로 올려놓았다. 그걸 본 사람들 모두 대단하다며 칭찬할 때 치부심을 느꼈다.

전혜원 치믈리에

23세의 대학생이다.
중학생 시절에 처갓집양념치킨의 치킨을 먹은 뒤부터 치킨덕후가 되었다.
그 후로 치킨이 질렸던 적은 단 한 번도 없다.

1 치킨은 얼마나 자주 먹는가?
일주일에 세 번 정도 먹는다.

2 '치킨' 하면 가장 먼저 떠오르는 세 가지는?
인생, 친구, 사랑.

3 치킨이 가장 많이 생각나는 순간은?
집 청소를 하고 나면 그렇게 치킨이 당긴다.

4 맛있는 치킨의 기준은?
좋은 기름으로 튀긴 치킨이 제일이다. 그리고 뼈닭이 맛있다. 밖에서는 뼈닭 먹기가 불편하기도 해서 주로 순살을 먹지만, 집에서는 마음 편하게 뼈닭을 즐긴다.

5 치킨과 떼려야 뗄 수 없는 짝꿍은?
영화와 치킨무다. 영화를 틀어놓고 치킨을 먹으며 치킨무를 곁들이는 게 행복한 일상이다. 코카콜라 역시 치킨의 짝꿍이다. 치킨을 먹을 때 탄산이 많은 음료를 마시면 소화가 더 잘되는 것 같아 좋다.

6 치킨의 매력은?
치킨은 매일 먹어도 결코 물리지 않는다. 튀김옷이나 양념, 부위 등에 따라 다양한 맛을 느낄 수 있고, 잃었던 입맛까지 되찾아주는 치킨의 매력은 한마디로 치명적이다.

7 치킨과 함께한 잊지 못할 추억이 있다면?
친구들과 치맥을 즐겼는데, 모두 치킨을 너무 좋아해 각자 한 마리씩 먹었던 기억이 난다. 단 한 조각도 남지 않았다.

8 치킨과 관련한 아이디어가 있다면?
BBQ의 '황금올리브치킨'에 처갓집양념치킨의 양념치킨 소스를 더한 치킨이 나왔으면 좋겠다. 정말 역대급 치킨이 될 것 같다.

9 치믈리에에 도전하는 분들에게 조언한다면?
시험 한 달 전부터 일주일에 세 번 이상 다양한 치킨을 먹어본 것이 큰 도움이 되었다. 치덕의 자존감을 높여주는 치믈리에 자격증을 따기 위해서는 무엇보다 다양한 치킨을 직접 먹어보고 그 맛들을 기억하고 있어야 한다.

10 치믈리에로서 '치부심'을 느낀 순간은?
1인 1닭을 할 때….

정은철 치믈리에

33세의 공무원이다.
매일 먹어도 도무지 질리지 않는 치킨을 숭배하다가 치킨덕후가 되었다.
짜증나는 날에는 매운 치킨과 맥주 다섯 모금으로 스트레스를 해소한다.

[1] 치킨은 얼마나 자주 먹는가?
일주일에 두세 번 먹는다.

[2] '치킨' 하면 가장 먼저 떠오르는 세 가지는?
다리, 닭날개, 닭가슴살.

[3] 치킨이 가장 많이 생각나는 순간은?
퇴근 후. 특히 과중한 업무로 몸이 지쳤을 때는 교촌치킨의 '교촌레드콤보'와 맥주가 생각난다.

[4] 가장 최근에 먹었던 치킨과 그 맛은?
며칠 전에 친구가 사온 만석닭강정을 먹어보았다. 맛이 정말 좋아서 그 닭강정의 유명세가 거저 얻어진 게 아니라는 사실을 알게 되었다. 속초까지 가지 않고도 서울에서 만석닭강정을 먹어볼 수 있어서 좋았다.

[5] 치킨과 떼려야 뗄 수 없는 짝꿍은?
치킨은 포크 두 개랑.

[6] 치킨과 함께한 잊지 못할 추억이 있다면?
어릴 적에 시골 고모댁에 놀러갔을 때, 고모가 직접 생닭을 잡아 치킨을 만들어주신 적이 있었다. 닭이 치킨이 되는 험난한 과정을 직접 보고 크게 놀랐지만, 치킨이 너무 맛있어서 다 잊을 수 있었다.

[7] 혼자만 알고 싶은 치킨집은?
상수역과 합정역 사이에 있는 꼬꼬치킨이다. 오래돼 허름한 분위기가 나지만, 치킨의 맛은 더없이 훌륭한 곳이다.

[8] 치킨과 관련한 아이디어가 있다면?
배달음식을 불신하는 사람들을 위해 치킨을 배달할 때 고객에게 튀김 기름의 상태나 치킨의 무게를 공개한 자료도 함께 전해주면 좋겠다.

[9] 치믈리에로서 '치부심'을 느낀 순간은?
치킨을 먹으며 벽에 걸린 치믈리에 자격증을 볼 때마다 흐뭇하다.

[10] 자신에게 치킨이란?
외로울 때, 심심할 때, 비가 올 때, 선택장애가 올 때 항상 연락하는 '절친'이다.

정지영 치믈리에

피아노 학원을 운영하는 28세의 여성이다.
어릴 때 한 달에 한 번 먹던 치킨 맛이 너무 좋아서 치킨에 입덕했다. 페리카나의 '후라이드치킨'부터 bhc의 '뿌링클'까지 되도록 다양한 치킨을 경험해보고 있다.

---

1 치킨은 얼마나 자주 먹는가?
원래 일주일에 네 번 정도 먹었다.
요즘은 다이어트 중이라 한 달에 한 번 먹는다.

2 '치킨' 하면 가장 먼저 떠오르는 세 가지는?
뜨거운 기름, 짭조름한 껍질, 배달의민족.

3 혼자만 알고 싶은 치킨집은?
당진시 송악읍 기지시리에 위치한 왕서방치킨이다.
1990년대 옛 치킨의 향수를 불러일으키는 맛이다.

4 치킨이 가장 많이 생각나는 순간은?
솔직히 어려운 질문이다. 치킨은 항상 당기기 때문이다. 그래도 굳이 말하자면 궂은 날이나 천둥 치는 날 집에서 미드를 보면 치킨이 너무 생각나 주문하게 된다. 치킨이 도착하면 우리 집이 천국으로 변한다.

5 치킨과 떼려야 뗄 수 없는 짝꿍은?
미드 〈모던 패밀리〉와 일드 〈고독한 미식가〉처럼 재미있으면서 오랜 기간 방영되는 시즌제 드라마다.

6 맛있는 치킨의 기준은?
나에게 가장 맛있는 치킨은 시장에서 갓 튀겨낸 통닭이다. 그 통닭을 손으로 쭉쭉 찢어 마늘과 고추장이 들어간 양념소스에 찍어 먹으면 환상이다.

7 치킨과 함께한 잊지 못할 추억이 있다면?
어릴 때 동생과 함께 먹던 둘리치킨이 생각난다. 엄마는 나를 혼내신 다음 안쓰러운 마음이 들었는지 치킨을 사주시곤 했다. 그때마다 나는 슬픔은 금세 잊고 해맑게 웃으며 닭다리를 뜯었다. 곁에 있던 동생도 즐겁게 먹었다.

8 가장 최근에 먹었던 치킨과 그 맛은?
투존치킨의 '와사비치킨'을 먹었다. 양이 많아서 좋았고, 와사비 특유의 매콤함이 치킨과 잘 어울렸다. 양념치킨과 함께 먹기에도 좋았다.

9 치킨과 관련한 아이디어가 있다면?
먹어본 사람은 알 것이다.
치킨과 짬뽕은 참 잘 어울리는 한 쌍이다.
짬짜면처럼 '치짬'이 생겼으면 한다.

10 치믈리에로서 '치부심'을 느낀 순간은?
치믈리에 자격증을 볼 때마다 뿌듯하다. 그동안의 먹부림이 헛되지 않았다고 인정받은 느낌이랄까? 집에 대학교 졸업장은 안 걸었지만 치믈리에 자격증은 걸어놓았다.

정태형 치믈리에

커피 로스터인 28세의 남자다.
어린 시절에 가족이 모여 음식을 주문할 때면 치킨부터 떠올렸다. 결과적으로 나는 오랜 기간에 걸쳐 치킨을 꾸준히 먹어오다가 자연스럽게 치킨덕후가 되었다.

---

[1] 치킨은 얼마나 자주 먹는가?
예전에는 일주일에 2~4회 먹었다.
건강을 생각하는 요즘은 일주일에 한두 번 먹는다.

[2] '치킨' 하면 가장 먼저 떠오르는 세 가지는?
후라이드 치킨, 양념치킨, 맥주.

[3] 치킨이 가장 많이 생각나는 순간은?
매 순간 치킨이 당긴다고나 할까? 퇴근길에 치킨집을 지나치다가 치킨 냄새를 맡으면 확 당기기도 하지만, 그냥 가만히 있다가도 치킨 생각이 절실해진다.

[4] 치킨과 떼려야 뗄 수 없는 짝꿍은?
치킨과 스포츠 경기는 결코 뗄 수 없는 짝꿍이다. 스포츠 중계 시작 30분 전에 치킨을 주문하곤 한다. 치킨이 도착하고 바로 중계가 시작되는 순간이 너무 행복하다. 그 행복감은 치킨을 먹으며 경기를 보는 내내 유지된다.

[5] 치킨과 어울리는 음료를 추천한다면?
치킨에는 탄산음료나 맥주가 제격이다.
치킨무를 먹지 않는 나에게 청량감 가득한 탄산음료나 알싸한 맥주는 치킨의 느끼함을 잡아주는 고마운 존재다.

[6] 혼자만 알고 싶은 치킨집은?
속초의 명물인 만복닭강정이다. 가끔 집 근처에 있는 만복닭강정 구로점에서 사먹는다. 순살은 잘 안 먹는데도 이곳 닭강정에 반했다. 달콤하면서도 질리지 않는 양념과 쫀득쫀득한 식감, 식어도 끝내주는 맛 때문이다.

[7] 치킨과 관련한 아이디어가 있다면?
수많은 반반 치킨을 보았지만, '뼈닭 반 순살 반'으로 구성된 반반 치킨은 못 본 것 같다.
치킨을 주문할 때 뼈닭과 순살 사이에서 고민하는 이들을 위해 '뼈닭 반 순살 반' 메뉴가 하루 빨리 나왔으면 한다.

[8] 치믈리에에 도전하는 분들에게 조언한다면?
필기시험에 대비해 치킨 브랜드들의 홈페이지에 들어가서 회사 소개, 연혁, 추구하는 이념 등 기초적인 정보부터 신메뉴의 특징까지 최대한 다양한 내용을 숙지해두면 도움이 된다.
실기시험을 위해서는 평소 컨셉이 비슷한 치킨들을 잘 비교해가며 맛보길 바란다.
예를 들어 BBQ의 '치즐링', bhc의 '뿌링클', 네네치킨의 '스노윙치킨' 등 치즈 시즈닝 치킨들 각각의 특징과 차이점을 잘 구별할 수 있는 실력을 키우면 좋다.

[9] 치믈리에로서 '치부심'을 느낀 순간은?
치믈리에가 된 뒤 모 치킨 브랜드의 신메뉴 시식평가회에 초대받았다. 아쉽게도 사정이 있어서 참석하지는 못했지만, 초대만으로도 치부심을 느낄 수 있었다.

[10] 자신에게 치킨이란?
'반려닭.' 결코 배신하지 않고 믿을 수 있는 음식이다.

정해찬 치믈리에

졸업을 앞둔 26세 대학생이다.
야식으로도 치킨, 친구들과 술 마실 때도 치킨을 먹는다.
치킨은 인생에서 빼놓을 수 없는 존재다.

1 **치킨은 얼마나 자주 먹는가?**
10일 연속 먹은 적도 있다.
평균적으로는 일주일에 두세 번 먹는다.

2 **'치킨' 하면 가장 먼저 떠오르는 세 가지는?**
후라이드, 양념, 간장.

3 **자신의 치킨 취향은?**
모든 치킨을 다 좋아한다. 오븐구이 치킨, 옛날 통닭, 후라이드 치킨, 닭강정 등 치킨이라면 종류를 가리지 않고 즐겨 먹는다.

4 **치킨 메뉴 중 베스트 3는?**
1위는 BBQ의 '자메이카 통다리 구이'다. 가격이 조금 비싸고 양은 적지만 맛이 최고다. 치밥으로 먹어도 꿀맛이다. 2위는 교촌치킨의 '교촌허니콤보'다. 레드디핑 소스를 추가해서 먹기를 권한다. 3위는 굽네치킨의 '굽네 볼케이노'다. 치믈리에 자격시험을 볼 때 실기시험을 보면서 처음 맛보았다. 식어도 제맛을 잃지 않아 그 뒤로 자주 찾는 메뉴가 되었다.

5 **치킨과 떼려야 뗄 수 없는 짝꿍은?**
맥주와 소주다.

6 **치킨과 함께한 잊지 못할 추억이 있다면?**
집 앞에 있는 치킨집에서 후라이드 치킨을 1만 원에 팔던 때가 있었다. 당시 주머니 사정이 넉넉지 않아 친한 친구와 후라이드 치킨 한 마리 놓고 생맥주 두 잔을 나눠 마시며 행복해하던 기억이 난다.

7 **치킨과 관련한 아이디어가 있다면?**
좋아하는 치킨 브랜드 두 곳의 치킨을 반반씩 해서 한 마리로 주문해 먹을 수 있으면 좋겠다.

8 **치킨 주문 시 유용한 팁이 있다면?**
치킨은 브랜드의 노하우와 조리하는 사람에 따라 맛이 달라질 수 있다. 하지만 웬만큼 널리 알려진 브랜드는 실패할 확률이 낮다. 치킨이 생각날 때에는 너무 고민하지 말고 믿고 주문하는 것이 좋다.

9 **치믈리에로서 '치부심'을 느낀 순간은?**
주위 사람들 모두 내가 치킨을 좋아한다는 사실을 알고 있다. 그들이 치킨 메뉴를 추천해달라고 할 때 치부심을 느낀다.

10 **자신에게 치킨이란?**
기쁨과 슬픔을 함께 나누는 상대다.

정후철 치믈리에

서울에서 학교를 다니는 26세 대학생이다.
자취를 시작하면서 영혼의 안식처를 찾다 치킨에 입문했다.
수업이 끝났을 때나 혼자만의 시간을 가질 수 있을 때 치킨이 생각난다.

1 치킨은 얼마나 자주 먹는가?

수입이 있을 때는 일주일에 한 번, 절약해야 할 때는 2주일에 한 번 정도 먹는다.

2 '치킨' 하면 가장 먼저 떠오르는 세 가지는?

평화, 탐미, 안식.

3 자신의 치킨 취향은?

식감이 부드럽고 염지가 잘된 치킨을 선호한다. 여럿이 있을 때에는 순살, 혼자 있을 때에는 뼈닭을 시킨다.

4 치킨이 가장 많이 생각나는 순간은?

수업이 끝났을 때, 과제도 약속도 없는 밤, 혼자만의 시간을 가질 수 있을 때 치킨이 생각난다.

5 치킨 메뉴 중 베스트 3는?

1위는 굽네치킨의 '굽네 고추바사삭 순살'이다. 바삭한 껍질을 베어물자마자 터지는 육즙이 풍부하고 뒷맛이 매우 고소하다. 2위는 bhc의 '해바라기 후라이드 치킨'이다. 푸짐한 양과 적당한 바삭함, 깨끗한 튀김옷까지 3박자를 고루 갖췄다. 3위는 굽네치킨의 '굽네 볼케이노'다. 매운 게 당길 때 굽네 볼케이노에 뜨거운 밥을 비벼 먹으면 배도 부르고 맛도 좋다.

6 치킨과 떼려야 뗄 수 없는 짝꿍은?

'닭가슴살을 좋아하는 사람'이다. 그래야 닭다리도, 닭날개도 고스란히 내 차지가 된다!

7 치킨과 함께한 잊지 못할 추억이 있다면?

서울에서 자취를 시작할 때, 벽에 나사못을 박다가 전선을 건드려 전기가 끊긴 적이 있다. 집주인에게 전기 끊긴 이야기를 어떻게 해야 하나 한참 고민하다가 말을 못하고 후라이드 치킨과 양초 하나를 사가지고 와서 촛불 아래서 치킨을 뜯으며 또 고민했다. 그 와중에도 치킨은 맛있었지만, 결국 눈물을 머금고 층 전체의 전기 수리비 20만 원을 지불할 수밖에 없었다.

8 혼자만 알고 싶은 치킨집은?

치맥파이브다. 친구가 우리 동네에 놀러왔을 때 자신 있게 소개할 수 있는 치킨집이다. 매장 분위기도 좋고, 치킨 플레이팅도 남다르다.

9 치킨과 관련한 아이디어가 있다면?

배달하는 사람이 튀김기를 가져와서 즉석에서 닭을 튀겨주는 치킨집이 있으면 좋겠다. 그러면 누구나 집에서도 갓 튀겨낸 치킨을 맛볼 수 있을 것이다.

10 자신에게 치킨이란?

소소하지만 맛있는 선물이다.

조승현 치믈리에

현재 피자알볼로 안양1번가점에서 피자 만드는 일을 열심히 배우고 있다.
과거에는 교촌치킨의 방배2호점과 구로디지털점에서 각각 5년씩 치킨을 배달했다.
치킨은 나의 30대를 함께한 소중한 존재다.

---

1 **치킨은 얼마나 자주 먹는가?**
가족과 함께 한 달에 한 번 정도 먹는다. 아내가 좋아하는 페리카나의 '양념치킨'을 먹을 때도 있고, 가성비 좋은 호치킨을 선택할 때도 있다.

2 **'치킨' 하면 가장 먼저 떠오르는 세 가지는?**
직업, 배달, 즐거움.

3 **치킨이 가장 많이 생각나는 순간은?**
엘리베이터에서 치킨 배달하는 사람을 만났을 때. 치킨 상자에서 진동하듯 풍겨나는 구수한 냄새가 치킨을 주문하지 않고는 견디기 힘들게 만든다.

4 **치킨집 중 베스트 3는?**
1위는 내가 10년간 일했던 곳이기도 한 교촌치킨이다. 교촌치킨 메뉴는 웬만해서는 거의 다 맛있다. 2위는 호치킨, 3위는 호식이두마리치킨인데, 둘 다 가성비가 갑이다.

5 **혼자만 알고 싶은 치킨집이 있다면?**
교촌치킨의 구미송정점이다. 창업자가 운영했던 교촌 1호점으로, 교촌치킨의 역사를 느낄 수 있다. 현재 구미송정점을 운영하고 있는 사장님의 넉넉한 인품은 덤이다.

6 **맛있는 치킨의 기준은?**
맛있는 치킨은 약 30마리의 닭을 튀겼던 기름에 신선한 닭을 넣고 정확한 온도와 시간으로 튀겨냈을 때 탄생하는 것 같다. 그리고 특제 소스 없이 소금만 찍어 먹어도 그 맛이 완벽해야 한다.

7 **치킨과 떼려야 뗄 수 없는 짝꿍은?**
밥이라고 생각한다. 치밥을 사랑하는 사람으로서, 지난해부터 굽네치킨의 '굽네 볼케이노'가 치밥 열풍을 이끄는 것이 반갑다.

8 **치킨 주문 시 유용한 팁이 있다면?**
주문 전화를 무뚝뚝하게 받고, 늦게 배달하는데도 사람들이 많이 찾는 치킨집을 이용해보길 바란다. 사람들이 여러 불편을 감수하면서도 이용하는 치킨집의 맛은 끝내줄 수밖에 없다.

9 **치믈리에에 도전하는 분들에게 조언한다면?**
최대한 많은 브랜드의 홈페이지에 들어가 메뉴 이름과 이미지를 외워보는 것도 좋고, 정말 비슷해 보이는 메뉴들은 동시에 고루 먹어보라고 권하고 싶다.

10 **치믈리에로서 '치부심'을 느낀 순간은?**
지금처럼 이렇게 치킨과 관련한 질문들을 받을 때다.

조중현 치믈리에

화학을 전공하는 대학생이다.
어린 시절에는 페리카나의 양념치킨과 BBQ의 후라이드 치킨을 좋아했고,
지금은 치킨이라는 그 자체를 사랑한다.

---

[1] '치킨' 하면 가장 먼저 떠오르는 세 가지는?
혼밥, 치맥, 후라이드.

[2] 치킨 메뉴 중 베스트 3는?
1위는 '교촌레드콤보', 2위는 '굽네 갈비천왕', 3위는 bhc의 '해바라기 핫후라이드 치킨'이다. bhc와 BBQ는 후라이드 치킨, 교촌치킨과 페리카나는 양념치킨, 굽네치킨은 치밥에 어울리는 치킨을 잘 만든다고 생각한다.

[3] 치킨이 가장 많이 생각나는 순간은?
집에 혼자 있는 중에 배는 고픈데 먹을 것이 없을 때다. 스스로에게 고생했다고 말해주고 싶을 때나 시험을 치르고 난 후에도 치킨이 생각난다.

[4] 맛있는 치킨의 기준은?
양념을 가미하지 않고 순수하게 그 자체만으로 맛있는 치킨이 제일인 것 같다. 내가 후라이드 치킨을 좋아하는 이유도 이것이다. 그리고 순살보다는 뼈닭이 좋다. 뼈닭은 부위마다 느껴지는 맛이 다르고, 대부분 국내산 닭으로 만들어지기 때문이다.

[5] 치킨과 떼려야 뗄 수 없는 짝꿍은?
당연히 맥주다. 무더운 여름날에 갓 튀겨낸 치킨에 시원한 맥주 한 잔을 곁들일 수 있다면 그야말로 금상첨화다. 얼마 전 배달의민족과 수제맥주 브랜드인 더부스가 협업해 만든 '치믈리에일'을 맛보았다. 올 여름에 치킨 먹을 때 많이 마실 것 같다.

[6] 치킨의 매력은?
치킨은 최고의 반찬이다. 누구에게나 치밥을 먹어보라고 권하고 싶다.

[7] 치킨과 함께한 잊지 못할 추억이 있다면?
초등학교 시절에 집 근처의 BBQ에서 처음 먹어본 후라이드 치킨의 맛을 지금도 잊을 수 없다. 그때부터 지금까지 돈 많이 벌면 치킨집을 차리고 싶다는 생각을 변함없이 하고 있다.

[8] 가장 최근에 먹었던 치킨과 그 맛은?
푸라닭의 '투움바 치킨 & 캥거루빵'을 먹었다. 치즈의 고소함과 소스의 매콤함이 잘 어울리는 메뉴였다. 치킨과 함께 나오는 빵으로 '치빵'에 도전해봤는데 꽤 괜찮았다.

[9] 치킨과 관련한 아이디어가 있다면?
bhc의 '해바라기 핫후라이드 치킨'과 굽네치킨의 '굽네 갈비천왕'을 각각 반 마리씩 넣어 구성한 세트다. 닭 한 마리로 서로 다른 느낌의 두 끼를 해결할 수 있을 것 같다.

[10] 치믈리에로서 '치부심'을 느낀 순간은?
치믈리에가 된 후 우연한 기회로 치믈리에와 관련한 동영상을 찍게 되었다. 덕분에 내가 치믈리에라는 사실이 꽤 알려져서 은근히 기분 좋았다. 주변 사람들이 어떤 치킨이 맛있냐고 진지하게 물어올 때 치부심과 보람을 느낀다.

진유정 치믈리에

24세이고, 서울에 거주하고 있다.
한 번 꽂힌 치킨 메뉴를 20번 이상 먹을 정도가 되다 보니 치킨 맛에 예민해졌고 전문적으로 분석할 수 있게 되었다.

---

[1] **치킨은 얼마나 자주 먹는가?**
일주일에 두세 번 먹는다. 단, 다이어트를 할 때는 시즈닝이 약간만 가미된 닭가슴살을 먹는다.

[2] **'치킨' 하면 가장 먼저 떠오르는 세 가지는?**
바삭함, 부드러움, 맛있음.

[3] **혼자만 알고 싶은 치킨집은?**
화통치킨이다. 가성비가 뛰어날 뿐 아니라 메뉴 또한 다양한데, 모든 메뉴가 평균 이상의 맛을 낸다. '베이비크랩 치킨'은 치킨과 작은 게튀김, 알싸한 마늘 소스가 어우러져 환상적인 맛을 느끼게 해준다.

[4] **치킨은 어떻게 먹어야 제맛인가?**
정말 배고플 때는 치밥을 즐길 수 있는 구운 치킨이 좋고, 피로가 누적되었을 때는 바삭한 치킨이 제격이다.

[5] **치킨과 떼려야 뗄 수 없는 짝꿍은?**
영화 〈엑스맨〉 시리즈다. 치킨을 먹으면서 〈엑스맨〉 시리즈 보는 일이 이제 습관이 되었다.

[6] **치킨을 먹을 때 함께 즐기는 음료나 술이 있다면?**
'맥알못'이지만, 치킨에는 스텔라 아르투아나 하이네켄 같은 강하지 않은 맛의 맥주가 잘 어울리는 것 같다. 치킨의 맛을 무너뜨리지 않는 맥주라면 언제든 환영이다.

[7] **치킨과 함께한 잊지 못할 추억이 있다면?**
노랑통닭을 처음 접했을 때 양이 많고 바삭한 맛이 매우 뛰어나 깜짝 놀랐다. 노랑통닭의 치킨을 이른 저녁에 먹고 밤늦게 또 먹는 대단한 경험을 하기도 했다. 그때 함께 먹은 친구는 "우리의 치킨 역사는 노랑통닭을 만나기 전과 후로 나뉜다"고 말하기도 했다.

[8] **가장 최근에 먹었던 치킨과 그 맛은?**
네네치킨의 '포테이토 짜용 치킨'이다. 갈릭디핑 소스가 의외로 굉장히 잘 어울렸다. 치킨 시킬 때 감자튀김도 같이 주문하곤 하는데, 포테이토 짜용 치킨에는 두 가지 감자튀김이 제공돼 좋았다.

[9] **치킨과 관련한 아이디어가 있다면?**
교촌치킨의 '교촌레드콤보'와 '교촌허니콤보'로 구성된 메뉴가 만들어지면 좋겠다. 이런 메뉴가 생긴다면 '1주 1교촌' 할 자신이 있다.

[10] **치믈리에에 도전하는 분들에게 조언한다면?**
필기보다 실기가 더 어려웠다. 평소 후라이드 치킨을 자주 먹는데도 실기시험을 볼 때 후라이드 치킨과 관련된 문제를 거의 다 틀렸다. 다양한 브랜드의 후라이드 치킨을 먹어보며 준비하면 좋을 것 같다. 확실히 후라이드 치킨은 양념치킨이나 가루치킨에 비해 브랜드별로 구분하기가 까다롭다.

최권식 치믈리에

달봉 엔터프라이즈에서 달봉이치킨 브랜딩 디자인 업무를 맡고 있다.
2013년 웹툰 서적을 출간한 후 '건디기'라는 이름으로 작가 활동도 하고 있다.
아내와 함께 배달의민족 팬클럽인 '배짱이' 1기 멤버다.

---

1 치킨은 얼마나 자주 먹는가?
'지금처럼 치킨을 자주 먹다가 질려버리면 어쩌지' 하는 게 고민이다. 평생 먹고 싶은 치킨에 질리면 안 되기 때문이다. 그래서 치킨을 자주 먹지 않으려고 많이 참다가 한 달에 두 번 정도만 먹는다.

2 '치킨' 하면 가장 먼저 떠오르는 세 가지는?
먼저 영화 〈클라우드 아틀라스〉다. 복제인간을 생산하는 공장이 나오는 장면에서 닭이 생각났다. '맛있음'과 '두려움'이라는 단어도 떠오른다. 가끔씩 나이가 들면 기름진 치킨을 멀리해야 할지도 모른다는 걱정을 하기도 한다.

3 혼자만 알고 싶은 치킨집은?
광주 양동시장의 수일통닭이다.

4 맛있는 치킨의 기준은 ?
내가 소개하고 있는 달봉이치킨이다.
달봉이치킨을 먹고 나서 이 회사로 직장을 옮겨도 좋겠다는 생각을 했을 만큼 훌륭한 치킨이었다.

5 치킨과 떼려야 뗄 수 없는 짝꿍은?
코카콜라다. 그리고 혼자 치킨을 먹을 때는 유튜브 먹방을 본다.

6 치킨의 매력은?
깨끗하게 가공된 생닭 중 치킨에 사용되는 크기는 대부분 7호, 8호, 9호다. 이 중에서 7호를 사용하는 치킨집의 치킨을 꼭 먹어보길 바란다. 양은 적지만 부드럽고 연한 치킨의 매력을 더욱 깊게 느낄 수 있을 것이다.

7 치킨과 함께한 잊지 못할 추억이 있다면?
전라남도 보성군에 있는 율포솔밭해수욕장 근처의 방파제에 가면 콘크리트 바닥에 씌어 있는 치킨집 전화번호가 있다. 그 번호로 주문하면 파슬리 가루처럼 뿌려진 녹차가루가 인상적인 치킨이 온다. 바닷바람을 쐬며 방파제에서 먹는 치킨은 고소한 맛에 낭만이 더해져 정말 근사한 추억으로 남을 것이다.

8 치킨이 가장 많이 생각나는 순간은?
공기가 무겁지 않고 미세먼지 수치가 낮은 맑은 날에 치킨이 더 당긴다.

9 치믈리에에 도전하는 분들에게 조언한다면?
시험을 주최하는 배달의민족에 대해서도 알아둘 필요가 있다. '배짱이' 활동을 통해서나 배달의민족 브랜딩 이야기인《배민다움》을 통해 배달의민족은 B급 문화를 사랑한다는 점을 잘 알게 되었다. 치믈리에 자격시험 문제도 B급 코드로 출제될 것 같아서 시험을 보기 전에 닭소리를 유심히 들어보기도 하고 치킨 브랜드의 영어 스펠링도 직접 써보았는데, 그 같은 준비가 큰 도움이 되었다.

10 치믈리에로서 '치부심'을 느낀 순간은?
이번 인터뷰를 하는 동안 치부심을 느꼈다.
앞으로 치믈리에로서 더욱 다양하게 활동할 수 있었으면 좋겠다.

최소희 치믈리에

24세의 웹디자이너다.
서울에서 자취를 시작하면서부터 진정한 치킨덕후가 되었다.
다양한 치킨을 즐기며 치킨마다의 특성을 잘 파악하는 스타일이다.

---

[1] **치킨은 얼마나 자주 먹는가?**
일주일에 한 번 정도 먹는다.

[2] **'치킨' 하면 가장 먼저 떠오르는 세 가지는?**
맥주, 퍽퍽한 살은 내 것, 야식.

[3] **혼자만 알고 싶은 치킨집은?**
지코바치킨이 유명해지기 전부터 '지코바 양념치킨'을 좋아했다. 숯불구이로 만든 치킨 중 최고다. 남은 양념에 밥을 비벼 먹어도 환상적이다. 코리안바베큐도 좋아하는 브랜드다.

[4] **치킨이 가장 많이 생각나는 순간은?**
배달하는 분들에게는 정말 죄송하지만 비가 내릴 때 가장 치킨이 먹고 싶어진다. 그리고 좋아하는 TV 프로그램이 방영되는 날도 치느님과 함께하고 싶다.

[5] **치킨과 떼려야 뗄 수 없는 짝꿍은?**
집에서 남자친구와 함께 치킨과 맥주를 즐기면 완벽 그 자체다.

[6] **치킨의 매력은?**
우울할 때 "치킨 먹을래?"라는 말만 들어도 기분이 좋아진다. 나에게 치킨은 우울증 치료제 같은 역할을 해준다. 그리고 치킨은 메뉴가 정말 다양해서 고르는 재미로 유명한 아이스크림보다 더 골라먹는 재미가 있다. 웬만한 음료나 술과 다 잘 어울리는 점도 큰 매력이다.

[7] **치킨과 함께한 잊지 못할 추억이 있다면?**
남자친구와 처음으로 한강에 놀러갔을 때 갑자기 치킨이 먹고 싶었다. 그런데 새벽이라 주변에 문을 연 치킨집이 없어 급한 대로 편의점 치킨을 샀다. 그때의 분위기가 좋았기 때문에 오래도록 기억에 남아 있다.

[8] **치킨 주문 시 유용한 팁이 있다면?**
지코바치킨의 '지코바 양념치킨'을 주문할 때는 양념을 넉넉히 달라고 하는 것이 좋다. 물론 치밥을 위해서다. 그리고 배민 앱이나 카카오톡 선물하기를 잘 살펴보면 할인된 가격의 치킨을 발견할 수도 있다.

[9] **치믈리에에 도전하는 분들에게 조언한다면?**
지난해 페이스북을 보다가 시험 소식을 접하고 남자친구와 함께 치믈리에 자격시험을 봤다. 그때 최대한 다양한 메뉴를 골고루 경험해야 합격 가능성이 높아진다는 것을 느꼈다. 그리고 시험에는 치킨에 관한 역사도 꽤 많이 나오므로 미리 공부해두면 좋을 것이다.

[10] **치믈리에로서 '치부심'을 느낀 순간은?**
치믈리에 자격증을 집에서 가장 잘 보이는 선반에 올려두었다. 친구들이 집에 놀러와 치믈리에 자격증을 보고 신기해할 때마다 치믈리에 자격시험 응시자 500명 중 합격자 119명에 내가 들어 있다는 사실이 생각나 무한한 치부심을 느낀다.

최영일 치믈리에

어렸을 때부터 치킨을 좋아한 21세의 대학생이다.
현재 치킨을 영혼의 단짝으로 여기며 치킨의 세계를 즐기고 있다.
치킨 브랜드마다 맛있는 메뉴를 꽤 잘 알고 있다.

1 치킨은 얼마나 자주 먹는가?
일주일에 한 번씩 먹었는데, 대학생이 되고서 더 자주 먹게 되었다. 과제하며 밤을 지새울 때 야식으로 주문해서 먹기도 하고, 과 친구들과 함께 오붓하게 즐기는 식으로 횟수가 늘어 요즘은 일주일에 두 번 정도 먹는다.

2 '치킨' 하면 가장 먼저 떠오르는 세 가지는?
맛있겠다, 행복하다, 다이어트는 내일부터.

3 치킨 메뉴 중 베스트 3는?
1위는 클래식한 양념맛이 일품인 페리카나의 '양념치킨'이다. 온 가족이 둘러앉아 먹으면 추억의 향수까지 덤으로 떠오른다. 2위는 교촌치킨의 '교촌허니콤보'다. 단맛과 짭조름한 맛의 극치를 느낄 수 있고, 남은 것은 다음 날 식은 채로 먹어도 맛있다. 3위는 bhc의 '뿌링클'이다. 요거트 소스가 치즈 시즈닝의 짜고 느끼함을 잡아주면서 치킨의 전체적인 맛을 균형 있게 해준다.

4 치킨이 가장 많이 생각나는 순간은?
아무래도 정신적으로나 육체적으로 힘들 때 치킨 생각이 간절하다. 치킨을 먹으면 쌓였던 피로가 싹 풀린다.

5 맛있는 치킨의 기준은?
치킨은 촉촉하고 부드러워야 한다. 치킨 한 조각을 처음 입에 베어물었을 때 딱딱한 식감이 느껴지면 더 이상 먹기 싫을 것 같다.

6 치킨과 떼려야 뗄 수 없는 짝꿍은?
치킨은 그 자체로 완벽한 음식이기 때문에 짝꿍은 필요 없는 것 같다. 그래도 굳이 꼽으라면 치킨의 느끼함을 잡아줄 수 있는 아삭한 치킨무를 꼽고 싶다.

7 치킨과 어울리는 음료나 술을 꼽으라면?
치콜과 치맥 모두 즐긴다. 치맥의 경우에는 후라이드 치킨과 칭다오 맥주의 조화를 좋아한다. 모두 깔끔하고 담백한 맛이라 서로 잘 어울린다.

8 치킨과 함께한 잊지 못할 추억이 있다면?
초등학교 운동회 때 부모님, 친구들과 함께 먹은 후라이드 치킨이다. 아직도 그때 느꼈던 후라이드 치킨의 맛을 잊지 못한다. 행복한 맛이었다.

9 치킨과 관련한 아이디어가 있다면?
튀긴 치킨과 구운 치킨을 반 마리씩 함께 주문할 수 있으면 좋겠다. 튀긴 치킨을 좋아하지 않는 사람도 더러 있기 때문이다.

10 치킨 주문 시 유용한 팁이 있다면?
배민 앱에서 하는 치킨 할인 이벤트를 자주 애용한다. 가격도 낮춰주고, 결정이 어려운 사람들에게는 그날 먹을 메뉴를 결정하는 데 도움이 되어 편리하다.

최인애 치믈리에

서울에 사는 평범한 30대 직장인이다. 어릴 때부터 치킨을 좋아해 자주 먹으면서 자연스레 치킨덕후가 되었다. 경원치킨처럼 바삭한 식감의 후라이드 치킨을 잘하는 치킨집을 선호하는 등 치킨의 맛에 대한 분명한 기준이 있다.

---

1 치킨은 얼마나 자주 먹는가?

한 달에 4~5번 먹는다.
자주 먹을 때는 일주일에 두 번 정도 먹기도 한다.

2 '치킨' 하면 가장 먼저 떠오르는 세 가지는?

치킨플러스, 한강, 치맥.

3 치킨 메뉴 중 베스트 3는?

1위는 교촌치킨의 '교촌반반콤보'다.
간장치킨인데도 바삭한 데다 매콤한 맛도 있어서 질리지 않는다. 다른 치킨에 눈을 돌렸다가도 다시 찾게 되는 마성의 치킨이다. 2위는 치킨플러스의 '쉑쉑양꼬치킨'이다. 양꼬치 파우더를 입힌 치킨인데, 양꼬치보다 쉽게 도전할 수 있는 맛이고, 바삭한 식감이 좋다. 맥주와도 정말 잘 어울린다.
3위는 굽네치킨의 '굽네 고추바사삭 치킨'이다.
굽네 고추바사삭 시리즈 중에 순살을 추천한다.

4 맛있는 치킨의 기준은?

후라이드 치킨이라면 무엇보다 튀김옷이 바삭해야 한다. 또한 살코기와 튀김옷에 알맞게 간이 배어 있어 소스를 찍어 먹지 않아도 맛있어야 한다.

5 치킨과 떼려야 뗄 수 없는 짝꿍은?

TV 프로그램과 영화다. 스트레스 받거나 기분이 좋지 않을 때 TV나 영화를 보면서 아무 생각 없이 치킨을 먹다 보면 기분이 어느 정도 풀린다.

6 자신에게 치킨이란?

내 인생의 소울푸드. 가장 쉽고 친숙하게 접할 수 있는 외식 메뉴이자 야식 메뉴.

7 치킨과 함께한 잊지 못할 추억이 있다면?

어렸을 때부터 동생들과 함께 주 1회 이상 치킨을 먹었다. 심지어 싸운 날에도 치킨이 있으면 사이좋게 둘러앉아 함께 먹었다. 치킨으로 우애가 돈독해졌다고나 할까? 지금은 각자 따로 살지만, 부모님 집에 모일 때면 옛 생각을 떠올리며 치킨을 시켜 먹는다.

8 가장 최근에 먹었던 치킨과 그 맛은?

얼마 전에 만끽치킨의 '베이비크랩 통살 치킨'을 먹어보았다. 치킨과 베이비크랩의 조화가 신선하게 느껴졌고, 다양한 식감과 감칠맛 나는 간장 소스가 좋았다. 치킨 메뉴가 매우 다양해졌음을 이 치킨을 통해 다시 한 번 느꼈다.

9 치킨과 관련한 아이디어가 있다면?

1인 1닭이 힘든 사람들이 많다. 누군가 '치킨 시킬 건데 반반씩 나누실 분?' 같은 이름의 앱을 만들어줬으면 한다. 그 앱을 이용해 치킨을 서로 반 마리씩 나눠 주문할 수 있는 '치킨 메이트'를 찾고 싶다.

10 치믈리에로서 '치부심'을 느낀 순간은?

지인들이 나에게 맛있는 치킨이나 치킨집을 추천해달라고 할 때와 내가 추천해준 치킨이나 치킨집이 맛있었다고 말해줄 때.

하종민 치믈리에

34세의 회사원이다. 21세부터 혼자 살기 시작했기 때문에 배달음식, 특히 치킨을 꾸준히 먹어왔다. 고수의 경지에 오른 치킨덕후들에 비하면 아직 입문자 수준이라는 생각에 겸손한 마음으로 치킨을 즐기고 있다.

---

1 치킨은 얼마나 자주 먹는가?

2주에 한 번 정도 먹는다. 예전에는 지금보다는 더 자주 치킨을 즐겼다.

2 '치킨' 하면 가장 먼저 떠오르는 세 가지는?

한 끼 식사, 치믈리에, 나에게는 사치.

3 치킨 메뉴 중 베스트 3는?

1위는 네네치킨의 '크리미언 치킨'이다. 양파와 치킨의 조화가 환상적이므로 양파를 추가하면 더 좋다. 2위는 멕시칸치킨의 '순살 닭강정'이다. 매콤달콤해 치밥으로 먹기에도 좋다. 3위는 단맛과 짠맛의 조화가 절묘하게 어우러진 교촌치킨의 '교촌허니콤보'다.

4 '이 치킨은 정말 내 스타일이 아니다'라는 치킨이 있다면?

튀김옷이 너무 두꺼운 건 별로다. 치킨은 고기와 튀김옷의 비율이 중요하다고 생각한다.

5 치킨이 가장 많이 생각나는 순간은?

스스로를 축하하거나 위로하고 싶을 때 가장 먹고 싶다. 예를 들어 회사에서 힘든 프로젝트를 잘 끝냈을 때나 마음이 우울할 때 치킨 생각이 많이 난다.

6 치킨과 떼려야 뗄 수 없는 짝꿍은?

밥이다. 밥이랑 먹으면 치킨의 맛이 훨씬 강해지는 느낌을 받는다. 유일한 단점은 빨리 배가 불러온다는 것이다.

7 치킨의 매력은?

치킨도 고기이므로 단백질을 섭취할 수 있는 중요한 수단이다. 그리고 치킨은 항상 안정적인 맛을 느끼게 해준다. 고기를 튀긴 음식은 맛에서 결코 우리를 배신하지 않는다.

8 치킨과 함께한 잊지 못할 추억이 있다면?

대학교에 다닐 때 시험 끝내고 친구와 주머니를 탈탈 털어서 치킨 한 마리를 사먹었다. 가난했을 때라 두 마리를 주문할 여유가 없었다. 맛은 정말 좋았지만 둘이 먹기에는 양이 너무 적어 아쉬웠다. 그때 인생의 목표가 생겼다. '하루에 치킨 한 마리를 각자 먹을 수 있을 만큼 성공하자.'

9 치킨과 관련한 아이디어가 있다면?

무게를 재서 치킨을 판매하는 치킨집이 생기면 먹고 싶은 만큼만 주문할 수 있으니 참 좋을 것 같다. 애매하게 남은 치킨을 보며 스트레스 받을 일이 없을 테니 말이다.

10 치믈리에에 도전하는 분들에게 조언한다면?

무엇보다 치킨을 다양하게 많이 먹어보고 각각의 치킨이 지닌 맛의 특징을 잘 기억해둬야 한다. 진지하면서도 즐겁게 임하기 바란다. 나는 치믈리에 자격증을 땄을 때가 취직했을 때보다 더 기뻤다.

홍수현 치믈리에

출판사에서 일하는 34세 여성이다.
누군가 "뭐 시켜먹을까?"라고 물으면 치킨부터 떠오른다.
여행을 가면 그 여행지에서 유명한 치킨집은 반드시 가보는 치킨덕후다.

---

[1] **치킨은 얼마나 자주 먹는가?**
평균적으로 2주일에 한 번 먹는다. 치킨이 너무 당길 때는 1일 2닭도 한다.

[2] **'치킨' 하면 가장 먼저 떠오르는 세 가지는?**
맛있음, 불금, 치믈리에.

[3] **치킨이 가장 많이 생각나는 순간은?**
해질녘 버스 정류장에서 버스를 기다리며 약간 쌀쌀한 바람을 느낄 때 치킨 생각이 간절하다.

[4] **맛있는 치킨의 기준은?**
튀김옷이 얇으면서 바삭해야 한다. 튀김옷이 두꺼우면 치킨의 맛이 느끼하고 텁텁해진다.

[5] **치킨과 함께한 잊지 못할 추억이 있다면?**
'닭다발 프러포즈'를 받아 결혼했다. 평소 농담 삼아 꽃다발 대신 닭으로 만든 '닭다발'을 받아보고 싶다고 말했는데, 그 말을 귀담아 들었던 남편이 다양한 치킨 브랜드의 닭다리들만 모아 만든 닭다발을 들고 프러포즈를 했다. 내 치킨 인생에 가장 감격스러운 순간이었다.

[6] **치킨과 떼려야 뗄 수 없는 짝꿍은?**
막장 드라마.

[7] **치킨과 어울리는 음료를 추천한다면?**
탄산수. 달고 짭조름한 양념소스와 찰떡궁합이다.

[8] **가장 최근에 먹었던 치킨과 그 맛은?**
bhc의 '맛초킹'을 먹었다. 치킨에 달콤짭짤한 양념이 과하지 않게 발라져 있어 좋았고, 청양고추 토핑이 느끼함을 잡아주었다. 맛초킹은 간장치킨 중 최고다.

[9] **치킨과 관련한 아이디어가 있다면?**
여행을 가면 꼭 그 여행지의 이름난 치킨을 먹어보는데, 그럴 때마다 그 지역에서 가장 오래되고 유명한 치킨집과 신흥 강자로 떠오르고 있는 치킨집 사이에서 고민한다. 원조 맛집의 치킨 반 마리와 새로운 맛집의 치킨 반 마리로 구성된 세트 메뉴가 있으면 참 좋을 것 같다. 그 세트 메뉴를 먹으면 한 지역의 치킨 역사를 알게 되지 않을까?

[10] **치믈리에로서 '치부심'을 느낀 순간은?**
내가 추천한 치킨에 상대방이 입덕했을 때 보람을 느낀다.

황채림 치믈리에

성악을 전공하고 있는 24세의 대학생이다.
어린 시절에 닭다리는 아빠와 오빠만 먹는 부위였기 때문에 성인이 되어서
마음껏 닭다리를 먹고 싶어 치킨을 사먹다 치킨과 사랑에 빠졌다.

---

[1] 치킨은 얼마나 자주 먹나?
일주일에 한 번 정도 먹는다.

[2] '치킨' 하면 가장 먼저 떠오르는 세 가지는?
1인 1닭, 혼자 먹는 즐거움, 치믈리에.

[3] 치킨이 가장 많이 생각나는 순간은?
체력적으로 힘들었던 날에 치킨이 생각난다.
다이어트하는 도중에는 일주일에 한 번 있는
'보상 데이' 때 무조건 치킨을 먹는다.

[4] 치킨과 함께한 잊지 못할 추억이 있다면?
열한 살 때 내가 살던 아파트에서 페리카나
시식회가 열렸다. 페리카나를 홍보하는
사람들이 행인들에게 치킨을 맛보라며 두 조각씩
나눠주었는데, 그게 너무 맛있어서 두 번이나
더 가서 받아먹었다. 그런데 함께 있던 친구가
왜 그렇게 자꾸 받아먹느냐고 놀려서 실내화
가방을 던지며 싸운 기억이 난다.

[5] 맛있는 치킨의 기준은?
식어도 바삭하고, 부위별로 다채로운 맛을 내며,
많이 먹어도 느끼하지 않은 치킨이야말로 맛있는
치킨이다.

[6] 치킨과 어울리는 음료를 추천한다면?
기름맛을 깔끔하게 잡아주고, 단맛이 없어 치킨
본연의 맛을 해치지 않는 탄산수를 선호한다.
청량감이 좋고 은은하게 느껴지는 홉향이 치킨과
잘 어울리는 스텔라 아르투아도 좋다.

[7] 가장 최근에 먹었던 치킨과 그 맛은?
치킨플러스의 '크리스피후라이드'를 먹었다.
정말 제대로 만든 치킨을 맛본 것 같았다.
건강한 맛이 느껴졌고, 많이 먹어도 물리지 않을
만큼 맛있었다. 친절한 서비스까지 완벽했다.

[8] 혼자만 알고 싶은 치킨집은?
봉천중앙시장에 위치한 소프트치킨이다.
옛날 통닭이 끝내주는 곳이다.

[9] 치킨과 관련한 아이디어가 있다면?
굽네치킨의 '굽네 볼케이노' 반 마리와 교촌치킨의
'교촌허니오리지널' 반 마리로 구성된 세트 메뉴가
있었으면 좋겠다. 매운맛을 막 느끼다가 달콤하고
부드러운 맛이 이어지면 정말 행복하다.

[10] 치믈리에로서 '치부심'을 느낀 순간은?
평소 칭찬에 인색한 친구가 치믈리에가 된 나를
매우 자랑스럽다고 했을 때 치부심을 느꼈다. 또한
친구들이 치킨을 추천해달라며 전화할 때마다
치부심을 느낀다. 치믈리에라서 참여하게 된 이
인터뷰에 응하고 있는 지금도 마찬가지다.

황혜진 치믈리에

국어 선생님을 꿈꾸는 29세 고시생이다.
노량진에서 공부하다 보면 문득 공허함이 찾아오는데, 그걸 없애주는 치킨을 사랑한다.
상대방의 입맛에 딱 맞는 치킨을 추천해줄 정도의 내공도 갖고 있다.

---

[1] 치킨은 얼마나 자주 먹는가?

일주일에 두 번 이상 먹는다. 예전에는 주로 혼자 먹었는데, 동생과 함께 사는 지금은 동생과 많이 먹는다. 친구 모임이나 가족 모임 때 치킨을 먹는 경우가 종종 있다.

[2] 치킨 메뉴 중 베스트 3는?

1위는 교촌치킨의 '교촌허니콤보'다. 기분 좋게 짜고 달고 느끼하고 자극적이어서 중독성이 강하다.
2위는 BBQ의 '황금올리브치킨'이다. 후라이드 치킨의 정석인 것 같다. 겉은 바삭하고 속은 부들부들한 식감이 일품이다. 간이 딱 좋다.
3위는 멕시카나치킨의 '눈꽃치즈 치킨'과 '땡초 치킨'으로 구성한 반반 치킨이다. 단맛과 짭짤한 맛이 기가 막히게 잘 어우러질 뿐 아니라 치즈의 고소한 맛과 고추의 알싸하게 매운맛의 조화가 훌륭하다.

[3] '이 치킨은 정말 내 스타일이 아니다'라는 치킨이 있다면?

퍽퍽하고 육질이 단단한 순살치킨은 정말 별로다.

[4] 맛있는 치킨의 기준은?

무엇보다 치킨의 주재료인 닭이 맛있어야 한다. 뼈에 붙어 있는 살을 먹어보면 이 치킨이 제대로 된 치킨인지 아닌지 가늠할 수 있다. 그리고 염지가 제대로 된 후라이드 치킨이야말로 맛있는 치킨의 기준이라 할 수 있을 것이다.

[5] 가장 좋아하는 치킨 부위는?

닭날개다. 고소한 맛과 날개에 붙은 살을 발라 먹는 재미가 최고다.

[6] 치킨과 떼려야 뗄 수 없는 짝꿍은?

한강이다. 치킨은 한강에서 먹을 때 가장 맛있다. 날씨가 좋으면 텐트를 챙겨 한강으로 피크닉을 가곤 하는데, 그럴 때마다 치킨을 주문하고 설레는 마음으로 기다린다. 텐트에 누워 눈으로는 한강을 바라보고, 귀로는 음악을 감상하다가 치킨이 도착해 맛보는 순간 '이곳이 파라다이스'라는 생각이 든다.

[7] 치킨의 매력은?

치킨은 웬만한 음식과 다 어울린다. 갈비 치킨과 깐풍기 치킨 등 다른 음식과 믹스된 치킨의 인기가 높은 걸 보아도 그렇다. 치밥과 치면도 끝내주는 조합이다. 그리고 치킨은 버릴 게 없다. 남긴 치킨을 다음 날 치킨 볶음밥이나 치킨 리소토, 치킨 샐러드 등으로 만들어 먹어도 좋다.

[8] 가장 최근에 먹었던 치킨과 그 맛은?

최근 bhc의 '맛초킹'을 먹었다. 매운 것을 잘 못 먹는 동생을 배려해서 적당히 매콤한 맛초킹을 시켰는데, 숙성 간장과 꿀을 넣어 만든 오리엔탈 블렌드 소스의 감칠맛이 좋았다. 홍고추, 청고추, 양파를 함께 먹을 수 있다는 점도 좋았고, 밥과도 잘 어울렸다.

[9] 치킨과 관련한 아이디어가 있다면?

치킨 뷔페가 있었으면 좋겠다. 치덕이라면 누구나 치킨 뷔페의 탄생을 기다리지 않을까.

[10] 치믈리에로서 '치부심'을 느낀 순간은?

친구들이 나에게 치킨을 추천해달라고 할 때.

황호영 치믈리에

유튜버를 꿈꾸는 직장인으로 판교에서 IT 관련 일을 하고 있다.
회사에서도 꾸준히 치킨 모임을 주도하는 직장인 치킨 모임계의 중역이다.

1 치킨은 얼마나 자주 먹는가?
4일 연속 먹었던 적도 있다. 평균적으로는 일주일에 두 마리 정도 먹는다. 주말에는 빠지지 않고 치킨을 즐기며, 평일에도 회사 동료나 친구들과 2차로 치킨집에 종종 간다. 회사에서 치킨 모임을 주도하고 있다.

2 '치킨' 하면 가장 먼저 떠오르는 세 가지는?
예능 프로그램, 치맥, 축구경기.

3 치킨 메뉴 중 베스트 3는?
1위는 지코바의 '지코바 양념치킨'이다. 양념이 알맞게 매콤하고 맛있어서 치밥에도 그만이다. 2위는 BBQ의 '황금올리브치킨'이다. 후라이드 치킨의 최강자인 것 같다. 크리스피한 튀김옷과 풍부한 육즙이 정말 끝내준다. 3위는 장모님치킨의 '후라이드'다. 치킨도 맛있고 함께 들어 있는 고구마튀김이나 감자튀김도 별미다.

4 치킨이 가장 많이 생각나는 순간은?
퇴근 후에 간절할 때가 많다.

5 순살 vs 뼈닭 중 당신의 선택은?
뼈닭을 선호한다. 순살은 먹기는 편하지만 약간 퍽퍽하다. 뼈닭은 부드럽고 뜯는 맛이 좋다.

6 치킨과 잘 어울리는 음료를 추천한다면?
치맥, 치소 모두 좋아한다. 와인도 나쁘지 않다. 부드러운 느낌의 레드와인과 함께 bhc의 '뿌링클'을 먹어봤는데 꽤나 잘 어울렸다.

7 치킨과 관련한 아이디어가 있다면?
사람들의 입맛은 다양하므로 유저인터페이스(UI)처럼 이용자의 선택권을 보장받는 치킨집이 생겼으면 좋겠다. 튀김옷의 두께와 바삭함의 강도, 단맛의 정도, 소스의 양, 배달 시간 등 수많은 선택사항에 기분 좋게 체크하며 치킨을 주문하고 싶다.

8 치킨 주문 시 유용한 팁이 있다면?
저녁시간에 주문하면 치킨을 받기까지 1시간 이상 걸릴 때가 있다. 이럴 때는 사이드 메뉴로 감자튀김을 추가하며 "감자튀김을 눅눅하게 먹고 싶지 않아요"라고 말하기도 한다. 맥딜리버리를 이용할 때 햄버거 외에 아이스크림을 추가해 나의 배달을 1순위로 만드는 방법을 치킨을 주문할 때 응용하고 있다.

9 치믈리에에 도전하는 분들에게 조언한다면?
시험을 준비할 때 치킨의 튀김옷과 속살을 따로 먹어보면 좋다. 각 브랜드마다 튀김옷의 질감, 풍미가 미세하게 다르고, 속살도 염지에 따라 맛이 조금씩 다르므로 따로 먹어보면 그 차이를 더 잘 느낄 수 있다.

10 치믈리에로서 '치부심'을 느낀 순간은?
치믈리에 자격증을 받았을 때였다. 그 퀄리티에 감동했다.

부록

"대한민국 치킨 미각 1%에 도전한다!"

배민 치믈리에 자격시험

워터소믈리에, 쌀소믈리에,
티소믈리에는 있는데
치킨소믈리에는 왜 없을까?

'배민 치믈리에 자격시험'은
이 단순한 의문으로부터
시작됐다.

시험 구성

1교시 - 듣기평가를 포함한 필기시험 30문제

2교시 - 후라이드 / 가루 / 양념 / 핫 양념
영역별 실기시험 12문제

합격기준

필기시험 30문제 중 15문제 이상, 실기시험 12문제 중 6문제 이상 맞혀야 합격이며, 두 과목 모두 통과 시 최종 합격. 2017년 제1회 배민 치믈리에 자격시험에는 500명이 응시해 119명이 통과했다.

난이도

제1회 시험에서 만점자가 나오지 않았을 만큼 난이도는 결코 낮지 않다.
필기시험에는 치킨 광고 BGM, 신메뉴 등 프랜차이즈 관련 문제들도 출제되므로 치킨 자체뿐 아니라 주변 요소에도 두루 관심을 가질수록 합격 가능성이 높다.

미술 영역

아래 치킨에서
멕시카나 '땡초치킨'을 고르시오

정답 | ②

프랜차이즈 영역

다음 보기 중 페리카나
치킨메뉴가 아닌 것은?

1) 매운후라이드

2) 핫칠리치킨

3) 조청치킨

4) 치즈뿌리오

5) 갈릭플러스치킨

정답 | ⑤

외국어 영역

다음 중 bhc의 약자로 맞는 것을
고르시오

1) Bye Hello Chicken

2) Best Healthy Chicken

3) Better Happier Choice

4) Buy Heavy Chicken

5) Big Hit Chicken

정답 | ③

한자 영역

'닭 계'의 한자로 옳은 것을
고르시오

1) 鷄

2)

3) 愛

정답 | ①

배달의민족

배달의민족은 누적 다운로드 3500만 건을
돌파한 명실상부 국내 1위 배달앱 서비스입니다.

'좋은 음식을 먹고 싶은 곳에서'라는 비전하에,
배달문화를 선도하는 푸드테크 브랜드이자
음식과 사람에 대한 이야기를 나누는 플랫폼이
되고자 합니다.

치슐랭 가이드

2018년 6월 22일 초판 1쇄 발행
2018년 7월 21일 초판 3쇄 발행

지은이 배달의민족 | **디렉터** 김봉진 | **마케팅** 장인성 이승희 최경진 | **디자인** 한명수 채혜선 이광호
일러스트 이소영 | **책임편집** 이응경 | **편집** 구효선 최안나 김민지 | **사진** 박재현 최준호 박인호 강태균 | **교열** 이효숙
펴낸곳 ㈜북스톤 | **주소** 서울특별시 강남구 언주로108길 21-7, 3층 | **대표전화** 02-6463-7000
팩스 02-6499-1706 | **이메일** info@book-stone.co.kr | **출판등록** 2015년 1월 2일 제 2016-000344호

 | ISBN 979-11-87289-39-5 (03030)

• 이 책의 국립중앙도서관 출판예정도서목록(CIP)은 서지정보유통지원시스템 홈페이지(http://seoji.nl.go.kr)와 국가자료공동목록시스템(http://www.nl.go.kr/kolisnet)에서 이용하실 수 있습니다.
(CIP제어번호: CIP2018017041)

• 책값은 뒤표지에 있습니다. 잘못된 책은 구입처에서 바꿔드립니다.